이타적 개인주의자

이타적 개인주의자

초판 1쇄 발행 2024년 4월 11일
초판 2쇄 발행 2024년 6월 12일

지은이 정수복
펴낸이 정해종
편   집 김지환
디자인 유혜현

펴낸곳   ㈜파람북
출판등록   2018년 4월 30일 제2018-000126호
주소   서울특별시 마포구 와우산로29가길 80(서교동) 4층
전자우편   info@parambook.co.kr
인스타그램   @param.book
페이스북   www.facebook.com/parambook/
네이버 포스트 m.post.naver.com/parambook
대표전화   02-2038-2633

ISBN 979-11-92964-86-7 03300
책값은 뒤표지에 있습니다.

이타적
개인주의자

온전한 자기 자신을 발명하는 삶의 방식

정수복 지음

파람북

독자에게 보내는 '유리병 편지'

세상이 점점 빠른 속도로 변하고 있다. 그에 따라 부모 세대와 자녀 세대 사이의 간격이 커지고 있다. 부모들은 자녀들의 미래를 걱정하며 간섭하려 하지만, 자녀들은 부모들이 달라진 세상을 모른다며 제 갈 길로 가려 한다. 자녀들의 말이 맞다. 미래는 젊은 세대가 만들어가기 때문이다.

그러나 세상이 아무리 달라져도 변하지 않는 진실이 있다. 인생에는 봄 · 여름 · 가을 · 겨울이 있고, 정작 가을이 되고 겨울이 되어야 봄은 따스했고 여름은 무더웠다는 걸 절실하게 느끼게 된다. 이 책은 가을을 지나 겨울로 들어서는 저자가 봄을 지나 여름을 살아가는 세대에게 보내는 '유리병 편지'다. 역사는 과거 · 현재 · 미래로 이어지고 미래는 과거의 축적 위에서 뻗어 나간다. 삶은 세대에서 세대로 이어지면서 끊임없이 계속된다. 어느 시절에나 젊은 세대는 전 세대의 정신적 유산 가운데 단절할 것과 계승할 것을 잘 구분해야 한다. 개인주의를 주장하는 이 책은 사회학자이자 작가로 살아가는 내가 나의 부모 세대가 남긴 정신적 유산 가운데 많은 부분을 청산하고 내 나름대로 새로운 길을 걸으면서 깨달은 바를 짧게 요약하고 쉽게 풀어 쓴 것이다. 그동안 서른 권 가량의 책을 펴냈지만 이 책은 나의 속마음을 가장 많이 그리고 솔직하게 드러낸 책일 것이다.

이 책은 3부로 구성된다. 이론과 역사에 관심이 있는 독자는 1부부터 읽으면 좋을 것이다. 실천과 실전에 더 끌리는 독자는 3부 먼저 읽을 수도 있다. 그러나 꼭 그런 순서로 읽지 않아도 좋다. 총 32개의 꼭지 가운데 마음에 와닿는 제목의 글부터 읽어도 괜찮다. 어차피 독자는 저자의 의도와 관계없이 자기 머릿속에 자기만의 생각의 흐름을 이어가기 때문이다.

출판사와 상의해 결정한 책의 제목 "이타적 개인주의자"는 얼핏 이율배반적으로 보인다. 개인주의 앞에 붙인 '이타적'이라는 형용사가 모순된 것처럼 느껴진다. 그러나 이런 표현은 의도적이다. 개인주의 하면 이기주의를 떠올리는 사람들에게 혼돈감을 불러일으키기 위해서다. 그리고 스스로를 개인주의자라고 생각하는 사람들에게 개인주의의 궁극적 의미를 다시 한번 생각해 보도록 하기 위해서다. 진정한 개인주의는 이기주의와 자기도취를 넘어서는 열린 개인주의를 뜻한다.

유리병 속의 이 편지가 누군가의 손에 들어가길 기대하며 흔들리는 배 위에서 바다에 던진다. 정보의 홍수 속에서 길을 헤매고 있거나 제 갈 길을 제대로 가고 있는지 회의하는 사람에

게 이 편지가 전달되어 자기만의 길을 찾는 데 도움이 될 수 있
길 바란다.

　본문은 쉽고 간결하게 쓰려고 노력했지만 내 생각의 근거를
밝히고 더 깊은 사색의 여행을 하고 싶은 독자를 위해 참고한 글
들을 각주에 밝혔다. 이 책이 나의 일방적 독백이 아니라 세대 간
대화를 위한 메아리가 되어 돌아오길 기대한다.

2024년 1월 21일

인왕산과 북악산에 둘러싸인 정독도서관에서

정수복

차례

2부_ 개인주의는 어떤 조건에서 등장하는가?

3부_ 개인주의자는 어떻게 탄생하는가?

나는 나답게 살고 싶었다

젊었을 때는 막연하게 느껴지던 무언가가 나이가 들면서 확연해지는 경우가 있다. 그건 아마도 세월이 주는 선물일 것이다. 아무리 100세 시대가 왔다 하더라도 나이 육십을 넘으면 살아온 날이 살아갈 날보다 많다는 사실을 부정할 수 없게 된다. 메멘토 모리. 나를 데려갈 어둠이 강을 넘어오고 있다는 의식과 함께 이제는 지난날에 흩뿌려놓은 잡다한 욕망의 흔적을 가지런히 정리해야겠다는 생각이 밀려온다. 오랜 세월을 학자로 살아온 나로서는 그동안 품어온 수많은 지적 관심사 가운데 핵심 주제를 추리고 정리해 일목요연한 저서로 남기는 일이 앞으로 해야 할 필생의 과제lifework다. 이 책은 그런 작업의 새로운 출발점이다.

내가 '가시밭길'이라는 학문의 길에 들어선 것은 내 주변의 사람들이 살아가는 방식과 이 세상이 돌아가는 방식을 이해할 수 없어서 도대체 세상은 왜 이렇게 굴러가고 사람들은 왜 저렇게 살아가는지를 알고 싶었기 때문이다. 그동안 내가 쓴 모든 글은 그 질문에 대한 답을 찾기 위한 탐구의 발자취다. 이제 젊은 시절 방황하던 마음이 진정되고 어느 정도 평안한 마음 상태에 도달한 것을 보면, 그때 그 시절 가졌던 질문에 대한 답이 어느 정도 마련된 듯하다.

6·25전쟁이 끝난 지 2년 만인 1955년 세상에 태어나 1961년 5·16 쿠데타가 일어나던 해에 초등학교에 입학한 나는 겁 많고 소심한 아이였다. 1960년대 아동기와 소년기를 지내면서 나는 즐거움보다는 두려운 마음으로 집과 학교 사이를 오갔다. 1970년대 질풍노도의 청년기에는 억압적인 시대 분위기 속에서 우울하고 답답한 심정으로 책과 함께 많은 시간을 보냈다. 1980년대에는 내가 살아온 한국과는 극단적으로 다른 프랑스 파리에서 유학 생활을 하면서 프랑스 사회가 움직이고 프랑스 사람들이 살아가는 모습을 관찰했다. 귀국 이후 1990년대에는 새롭게 시작된 시민운동에 적극적으로 참여하면서 사회운동 연구와 시민교육에

힘을 쏟았다. 잠시 텔레비전과 라디오 방송의 진행을 맡기도 했다. 2000년대에는 다시 프랑스로 건너가서 '이방인'으로 파리의 넓고 좁은 거의 모든 길을 샅샅이 걸었고, 프로방스의 작은 마을들을 구석구석 돌아다녔다. 그렇게 하면서 프랑스 사회와 프랑스 사람들을 좀 더 깊이 이해하게 되었다. 2010년대에는 다시 서울로 돌아와 학자이자 작가로 도서관에서 책을 읽고 서재에서 글을 쓰면서 10여 년을 지냈다. 그렇게 60여 년의 세월이 흘렀다.

이제 와 생각하면 지나간 나의 삶은 사람답게 산다는 게 무엇이고 그런 삶이 가능한 사회는 어떻게 만들어지는지를 물으며 그에 대한 답을 찾으며 살아온 시간의 연속이었다. 그 시간은 세상에서 이미 정해진 방식에 따라 인생을 꾸려가기보다는 내가 원하는 삶이 무엇인지 질문하면서 나만의 인생을 살아보겠다는 '백의종군'의 시간이었다. 대학 울타리 밖에서 독립적인 학자이자 작가로 살아오면서 내가 한 말과 글의 핵심 주장은 세상에 태어난 사람은 누구라도 자신의 뜻에 따라 살 수 있는 자유로운 사회를 만들자는 제안이었다. 물론 나는 한때 민중주의자였고 평등한 세상을 꿈꾸었다. 그럼에도 나는 어느 진영에 속해 깃발을 흔드는 지식인이 되지 않고, '자유롭게 부유하는 지식인the free floating intellectual'을 자처하며 늘 경계선 위에서 살아왔다. 그런 삶의 밑바닥에는 이미 정해진 입장이나 노선을 절대화하지 않고 거리를 두고 상대화해보는 나의 지적 태도가 자리 잡고 있다. 나는 '완장'을 차고 '깃발'을 흔들다가 '훈장'을 달고 끝나는 삶을 살고 싶지 않다. 확신은 편견이 될 수 있다. 나는 내 나름의 신념으로 살아가지만 내 생각이 틀릴 수도 있다고 생각한다. 더 좋은 생각이 있으면 언제라도 고칠 수 있다는 마음가짐으로 살아간다.

내 개인의 이익 추구를 넘어서 사회 전체가 나아가야 할 방향을 고민하는 '지식인'으로서, 나는 민족이나 계급이라는 이데올로기보다 민주주의가 더 중요한 가치라고 생각했다. '평등'과 '자주'도 중요하지만 '자유'야말로 '숨' 쉬고 살기 위해 더 중요한 가치라고 생각했다. 나는 나대로 나답게 내 방식으로 세상을 보고 그에 따라 살아가지만, 다른 사람이 나와 다르게 생각하고 그답게 그의 방식으로 살아가는 것을 용인한다. 나는 각자 자기주장을 하면서 함께 공존하는 사회에서 살고 싶다. 그런 사회는 서로가 상대방의 자유와 권리를 존중하는 데서 시작한다.

젊은 시절부터 나는 이미 주어진 관습적이고 상투적인 삶을 벗어나 나 자신에게 주어진 고유한 삶의 가능성을 최대한으로 실현하는 삶을 살고 싶었다. 지금 와서 생각해보면 나는 '민중주의자'이기에 앞서 '민주주의자'였고, 무엇보다도 자유로운 삶을 추구한 '개인주의자'였다.

이제 억압의 시대는 저 멀리 물 건너간 듯이 보인다. 누구에게나 자유로운 삶의 길이 활짝 열려 있는 듯이 보인다. 그러나 우리를 옭아매는 보이지 않는 구속의 '줄'이 도처에서 우리 각자가 자기답게 사는 것을 방해하고 있다. 이 책은 그 보이지 않는 줄을 끊어버리고 자기다운 삶을 살아가자는 하나의 제안이다. 그와 동시에 모두 함께 협력해 그런 삶이 가능한 사회를 만들자는 우정어린 제의다. 독자들의 응답을 기대한다.

1부

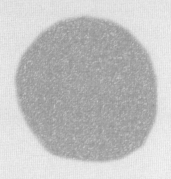

개인주의란 무엇인가?

산다는 것은 무엇인가. 그것은 더 말할 것도 없이 일종의 자기 연소 같은 거, 남이 되는 것이 아니라 나 자신이 훨훨 타서 재가 되는 것이다. - **법정**

본성과 완전하게 부합된 우리의 개체성은 항상 변하지 않고 보존되는 것이다. - **라이프니츠**

어떤 존재도 그의 말이나 생각에 나를 복종시킬 폭력적 권리를 갖고 있지 않다. 나를 단죄할 권리를 획득할 수 있는 자는 이 세상에 아무도 없다. - **사드**

개인주의는 말할 것도 없이 이기주의가 아니라 인간 사이의 우호감과 연대감을 보여주어야 한다. - **뒤르켐**

개인은 전 인류의 마지막 존재다. - **우나무노**

수많은 생물이 우주에 살고 있지만, 이 우주에는 생물의 수효만큼의 중심이 있다. 우리는 모두 각자가 우주의 중심이다. - **솔제니친**

개인주의 사상의 기원

　개인주의는 개인의 자유를 최고의 가치로 주장하면서 모든 집단은 개인의 자유를 최대한으로 보장하는 한에서 정당성을 갖는다는 사상이다. 민주주의 그리고 자본주의와 함께 근대 서양 문화의 근간을 이루는 개인주의는 서양이 근대에 들어서 역동적인 사회로 변화하는 데 결정적 역할을 했다.[1] 근대에 들어서면서

1　개인을 주권자로 보는 것을 서양문화의 전제로 놓고 자본주의와 개인주의의 관계를 다룬 Nicholas Abercrombie, Stephen Hill, Bryan Turner, *Sovereign Individual of Capitalism* (London: Allen and Unwin, 1986) 참조. 고대에서 중세를 거쳐 서구에서 개인이 탄생하는 과정을 추적한 래리 시덴톱, 정명진 옮김, 『개인의 탄생: 양심과 자유, 책임은 어떻게 발명되었는가?』(부글북스, 2016) 참조. 서구 정신사에서 내면성 또는 내적 깊이를 지닌 존재로서 '자아' 관념이 형성되는 과정을 서술한 찰스 테일러, 권기돈 · 하주영 옮김, 『자아의 원천들: 현대적 정체성의 형성』(새물결, 2015) 참조.

창의적이고 모험적인 개인들에 의해 수많은 발견과 발명이 이루어졌다.

서양의 개인주의는 르네상스를 거쳐 계몽주의 시대에 커다란 흐름으로 등장했지만 헬레니즘 시대의 에피쿠로스학파, 키니코스학파, 스토아학파에 속하는 철학자들은 이미 개인주의자들이었다. 중세에도 아우구스티누스, 아벨라르, 기베르 드 노장, 단테, 페트라르카 등이 개인주의자의 모습을 보였다.[2] 종교개혁을 통해 거듭난 기독교는 신과 개인의 직접 소통을 통해 내면적 개인의식을 고양했다.[3] 르네상스 시기 이탈리아에서는 예술을 통해 개인주의가 꽃피었다. "13세기 말경 이탈리아에는 개성들이 넘쳐나기 시작한다. 개인주의를 향한 길이 이미 완전히 열렸다. 수많은 개별적 얼굴이 끝도 없이 스스로를 특별한 존재로 만들

---

2   아론 구레비치, 이현주 옮김, 『개인주의의 등장』(새물결, 2002). 러시아어 원본의 역영본 제목은 *Origins of European Individualism*이다. 영국에서 고유한 특성을 가진 개인의 등장을 중세에서 찾는 Collin Morris, *The Discovery of the Individual, 1050~1200*(London: S.P.C.K., 1972)와 Alan Macfarlane, *The Origins of English Individualism*(Oxford: Blackwell, 1978)도 참조.

3   막스 베버는 이를 '개인의 내적 고립inner isolation of the individual'이라고 표현했다. Max Weber, *The Protestant Ethic and Spirit of Capitalism*(London: George Allen&Unwirt, 1976), 108쪽.

었다."[4] 15세기 플랑드르 회화에서도 개인이 등장했다. 화가들은 이제 신화나 성경 속의 인물이 아니라 현실의 시공간에 존재하는 고유한 특징을 가진 유일무이한 인간의 얼굴을 그리기 시작했다. 우유를 따르는 여인, 바느질하는 여인, 책 읽는 여인의 모습 속에는 그 사람의 고유한 개성이 드러난다. 시간대에 따라 변화하는 일상의 풍경 속에 들어 있는 개인의 모습은 그 자체로 개성의 찬미였다. 개인주의는 음악에도 나타났다. 현실 속에서 살아가는 인간의 정열, 슬픔, 고뇌를 아리아와 레시타티브를 통해 표현하는 오페라는 개인의 감정 세계를 스스럼없이 드러냈다.[5]

개인주의는 철학을 통해 좀 더 분명한 형태로 그 모습을 드러냈다. 데카르트의 "나는 생각한다. 그러므로 나는 존재한다"는 명제는 사고의 주체로서 개인을 분명히 했다. 몽테스키외, 볼테르, 루소 같은 계몽사상가들은 이성의 빛으로 우상을 타파하고 무지몽매 상태를 벗어날 것을 주장했다. 칸트는 다른 사람의

---

4   야콥 부르크하르트, 안인희 옮김, 『이탈리아 르네상스의 문화』(푸른숲, 1999), 178쪽.
5   츠베탕 토도로프 · 로베르 르그로, 전성자 옮김, 『개인의 탄생』(기파랑, 2006).

지도를 벗어나 자신의 지성을 주체적으로 사용하는 상태로 나아가는 것을 '계몽'으로 보았다.[6] 계몽의 정신은 '사페레 오데Sapere Aude', "과감히 스스로의 지성을 사용할 용기를 가져라!"로 요약된다.

계몽을 통해 근대적 개인이 탄생했다. 계몽된 사람은 스스로 주체적으로 생각하고 판단해 자신의 삶을 살아간다. 18세기 독일에서 출현한 신인문주의는 문학과 예술에 종교적 신성을 부여하면서 '빌둥bildung'이라고 부르는 자기함양을 강조했다.[7] 베를린대학의 창설자 빌헬름 폰 훔볼트는 "개인으로 하여금 자기주도적 발전을 통해 자연적 미성숙으로부터 시민적 자발성으로 나아가게" 하는 '빌둥'을 교육의 원리로 제시했다.[8]

명예혁명 이후 18세기 영국에서는 법의 지배와 종교적 관용이 제도화되면서 정치 권력과 종교의 지배에서 벗어난 계몽된

---

6   임마누엘 칸트, 이한구 옮김, 『칸트의 역사철학』(서광사, 2009), 13~22쪽. 독일의 계몽주의는 이론적·철학적 계몽에 머물렀다. 영국이나 프랑스에서처럼 사회적·정치적 계몽이 아니었다. 독일에서 계몽은 현실과 단절되어 학문적으로만 추구되었다. 칸트는 "원하는 대로 생각하고 따져 보아라. 그러나 복종하라"고 썼다. 김수용, 『독일 계몽주의』(연세대학교출판부, 2010), 68~79쪽.

7   전진성, 『상상의 아테네: 베를린 도쿄 서울』(천년의상상, 2015), 67~68쪽.

8   전진성, 위의 책, 68쪽.

개인이 등장했다. 완고한 전통, 귀족의 지배, 연장자의 권위, 가부장의 가족 규제 등이 완화되면서 개인의 해방을 추구하는 시대 조류가 점차 그 모습을 뚜렷하게 드러냈다. 이성만이 아니라 개인의 감성에 기초를 둔 자유로운 삶을 추구하는 '감성적 개인주의affective individualism'가 하나의 흐름을 형성했다. 이러한 흐름을 선도한 집단은 지식인들과 해외무역 분야에 진출해 새로운 세계에 눈을 뜬 상인들이었다.[9] 18세기 영국의 계몽운동은 프랑스나 독일에 못지않았다. 그러나 권력의 중심지였던 잉글랜드 지방의 지적 분위기는 계몽사상이 프랑스혁명과 연결되면서 "전통과 권위에 대한 비이성적인 멸시"가 일어나는 현상을 두려워했다.[10] 계몽사상과 계몽주의운동이 활발하게 일어난 곳은 잉글랜드 북쪽의 스코틀랜드였다. 애덤 스미스, 데이비드 흄, 애덤 퍼거슨, 윌리엄 로버트슨 같은 지식인들이 에든버러대학과 글래스고대학을 거점으로 지식인 네트워크를 형성하고 잡지를 간행하며 계몽운동의 꽃을 피웠다.[11]

---

9   이영석, 『지식인과 사회: 스코틀랜드 계몽운동의 역사』(아카넷, 2014).
10 이영석, 위의 책, 111~113쪽.
11 이영석, 위의 책, 366~390쪽.

계몽주의 이후 인간은 주어진 사회적 조건에 순응하는 존재가 아니라 자신의 삶을 자신의 의도에 따라 만들어가는 창조적 존재로 인식되기 시작했다. 신과 왕의 명령에 따라 살아가는 인생이 아니라, 내가 생각하는 바에 따라 내 삶을 구가할 가능성이 열렸다. 그로부터 근대적 개인 주체가 탄생했다. 살아 있는 신체를 지닌 그리고 다른 것으로 대체할 수 없는 주체로서 개인, 이성과 감성을 지니고 타인과 관계 맺으면서 사회를 구성하고 자기 자신과 관계 맺으며 내면의 의미 세계를 구성하는 주체로서 개인이 탄생했다.

우리에게도 계몽의 시대가 있었다. 우리 역사에서 일제 강점기 이전의 개화기를 '애국계몽기'라고도 부르는데 계몽보다 애국이 앞서면서 개인이 아니라 민족이 우선적 주체로 호명되었다.[12] 그 무렵 한반도에 상륙한 개신교는 일정 정도 계몽의 역할을 담당했으나, 일제의 식민주의는 계몽된 주체의 탄생을 억압했다. 해방 이후 형성된 분단반공 체제는 '생각하는 개인'보다는

---

12 홍태영, 「과잉된 민족과 찾을 수 없는 개인」, 이동수 · 유불란 등, 『한국의 정치와 정치이념』(인간사랑, 2018), 263~304쪽.

'복종하는 개인'을 요구했다. 이런 정신적 바탕 위에서 1960년대 이후 국가가 주도한 산업화 과정은 개인 주체의 형성을 계속해서 가로막았다. 가정과 학교에서 개인은 스스로 생각하고 느끼고 판단하는 자율적인 사고의 주체가 아니라 권위를 가진 사람의 지시에 순종하는 착한 순응주의자conformist로 교육되었다. 권위주의적 산업화 과정에서 주체적 개인은 "부정되고 억압되며 배제되어야 할 존재"로 취급되었다.[13] 서구의 선진국들을 추월하겠다는 의지를 표명한 한국의 후발 근대 기획은 민족과 국가라는 집단 주체를 강조하면서 개인 주체의 형성을 허용하지 않았다.

1920년대에 시작된 한국의 공산주의운동도 민족해방과 노동해방을 최상의 가치로 내세우면서, 개인의 주체성과 자유를 부르주아적 가치로 폄하했다. 해방 직후 미군정 시기에 분출했다가 냉전 시기의 반공주의에 의해 억압되었던 진보적 사회운동은 1980년대에 다시 한번 용출하면서 한국 사회의 민주화에 기여했다. 그러나 1980년대의 사회운동의 과정에서도 개인의 자유와 해방은 뒷전에 머물렀다. 한국의 근현대 사상사에서 개인

---

13 김덕영, 『막스 베버』(길, 2012), 899~900쪽.

의 자유와 창의성은 늘 국가, 민족, 사회, 계급, 가족 등 집단적 주체에 밀려 그 가치를 제대로 인정받지 못했다.

서구 개인주의의 역사를 쓴 러시아 역사학자 구레비치[Aron Gurevich]는 러시아의 역사에서 정치와 경제만이 아니라 감정과 문화의 측면에서도 전체주의가 개인의 주도권과 개인의 창의성을 억눌렀음을 비판했다. 러시아 사회를 재앙에서 구하고 새로운 활력을 불어넣기 위해 지적 분위기 쇄신의 필요성을 절감했다. 고민 끝에 러시아 사회를 근본적으로 바꾸기 위해서는 개인주의라는 문제를 핵심적 쟁점으로 다루어야 한다는 결론에 도달했다.[14] 러시아만이 아니다. 한국, 중국, 일본을 포함하는 동아시아 사상사 전통에도 개인주의는 핵심적 쟁점이 되지 못했다.[15] 동아시아의 사상적 전통인 불교와 노장사상은 물론 유교에서도 개인주의의 싹을 발견할 수 있다.[16] 하지만 그것은 현실 역사 속에서 크게 자

---

14 아론 구레비치, 앞의 책, 12~16쪽.

15 Soo-Bok Cheong, "Autocritique de la modernité en Asie de l'Est: Corée, Chine, Japon," *Croisements-Revue frncophone de sciences humaines d'Asie de l'Est*, No.2(2012), 282~297쪽.

16 김성국, 『잡종사회와 그 친구들』(이학사, 2015), 171~194쪽.

라지 못하고 잠재적 형태에 머물렀다. 한국에서 개인주의가 발전하려면 서양에서 발전한 개인주의 사상을 폭넓게 수용하면서 동아시아의 전통을 재해석해 개인의 탄생을 북돋우는 담론을 다양하고 풍부하게 개발해야 한다.[17] 삶이 바뀌려면 사상의 변화가 필요하기 때문이다.

17 유교, 불교, 도교, 그리고 천부경에 들어 있는 개인주의 및 천지인 합일의 관점에서 '유아유심 개인주의'라는 동아시아/한국형 이론을 모색하는 김성국, 「유아유심 개인주의: 마음의 사회학을 위하여」, 《한국 사회학》 52집 2호(2018년), 159~212쪽 참조.

개인주의 사상의 세 갈래

근대의 탄생은 생각하는 '개인'의 출현과 궤를 같이한다. 전근대 사회의 신분 차별과 강제적 속박에서 해방된 '개인'은 자기 나름의 고유한 의지와 보편적 권리를 가진 존재로 규정된다. 데카르트는 주체적으로 생각하는 합리적 인간상을 정립했고 라이프니츠는 이성을 가진 인간이 독립성과 자율성을 가진 유일한 개체로 존재할 수 있음을 밝혔다.[18] 이런 정신에 따라 볼테르와 루소, 디드로와 콩도르세 같은 프랑스의 계몽주의 사상가들은 이성의 빛에 따라 억압적 종교와 절대국가 체제를 비판하고 개인의 자유와 평등을 주장했다. 계몽주의의 정신을 수용한 프

---

18   알랭 로랑, 김용민 옮김, 『개인주의의 역사』(한길사, 2001), 41~62쪽.

랑스혁명 과정에서 선포된 인권선언의 1조는 "모든 인간은 자유롭고 평등하게 태어나고 그렇게 살 권리를 갖는다. 사회적 구별은 오로지 공통의 유용성에 의해서만 가능하다"로 되어 있고, 2조는 "모든 공적인 제도는 인간의 기본권인 자유, 재산, 안전 그리고 압제에 저항할 수 있는 권리를 보장하기 위해 존재한다"로 되어 있다. 이런 두 가지 기본 전제 위에서 개인이 스스로의 뜻에 따라 살 수 있는 가능성이 열린다. 개인주의와 관련해 헌장의 4조는 "자유는 타인의 자유를 해치지 않는 한 무엇이든 할 수 있음을 뜻한다. 각 개인의 권리는 타인이 누리는 권리를 방해하지 않는 한에서 보장된다. 그 경계는 법으로 정한다"고 선포한다. 프랑스혁명 인권선언은 모든 인간이 개인적인 의견과 사상을 가질 수 있고 그것을 공적으로 표명할 수 있는 권리를 지닌다고 선포했다. 프랑스 인권선언의 공식 명칭은 "1789년 인권과 시민권 선언Déclaration des droits de l'homme et du citoyen de 1789"이다. 그러니까 인권은 곧 시민권으로 볼 수 있다. 따라서 프랑스혁명 이후의 근대적 개인주의를 '시민적 개인주의'라고 부를 수 있다.

서양사상사에서 개인주의 사상의 주요 갈래는 자유주의 사상이다. 존 로크는 영국의 명예혁명을 겪으며 자유민주주의 사상의 기초를 마련했다. 그는 누구도 타인의 생명, 건강, 자유, 재산을 침해할 수 없다고 주장하면서 시민적 개인주의의 길을 열었다.[19] 그의 사상은 모든 인간의 생명, 자유, 행복추구라는 양도할 수 없는 권리를 선언한 미국 독립선언서 작성에 영향을 주었다. 존 로크에 이어 시민적 개인주의를 체계적으로 발전시킨 존 스튜어트 밀은 프랑스혁명 인권선언의 뜻에 따라 남에게 해를 끼치지 않는 한 개인의 자유는 절대적으로 보장되어야 한다고 주장했다.[20] 민주주의의 기본 구성인자인 개인은 사고와 판단과 행위의 주체다. 자유주의와 개인주의는 동전의 양면이다. 자유주의가 정치사상이라면 개인주의는 개인이 타인과 함께 살아가는 삶의 방식이다. 밀의 자유주의는 개인이 각자 지닌 개별성을 '행복한 삶을 위한 중요한 요소'로 보면서 개인의 생각을 억압하는 '다수의 횡포'를 견제하고 소수의 의견을 존중한다. 프랑스의 자유주의 사상가 뱅자맹 콩스탕도 "자유란 독재권력에 대해서만이 아니라 다수의 이름으로 소수파를 지배하려는 군중에 대항

19   존 로크, 강정인 · 문지영 옮김, 『통치론』(까치글방, 2007).
20   존 스튜어트 밀, 서병훈 옮김, 『자유론』(책세상, 2005).

해서도 개인성이 승리하는 것을 의미한다"고 말했다.[21] 그렇다고 해서 개인의 자유가 자기 마음 내키는 대로 하는 방종이나 무절제를 뜻하지는 않는다. 밀은 세상에 태어난 개개인 각자가 자기를 최선의 상태로 끌어올리는 자기발전을 위한 자유를 주장했다. 자기발전을 위해 자유를 주장하는 사람은 남의 자유도 최대한으로 존중하는 '품격있는 자유'를 지향한다.[22]

흔히 개인주의의 사상적 출처로 자유주의를 들지만, 내가 말하는 개인주의는 자유주의 전통에 국한되지 않는다. 현실에서는 실패로 끝났지만, 이상으로서 사회주의가 지향한 궁극적 목표도 개인의 자유로운 삶이었다. 프랑스 사회주의 사상의 기초를 제공한 장 조레스는 "그 어느 것도 개인 위에 존재하지 않는다. 마르크스는 개인주의의 논리적이고 완전한 실현이다. 개인이 최고의 목표다"라고 주장했다.[23] 아일랜드의 작가 오스카 와일드는

21 K. Steven Vincent, *Benjamin Constant and the Birth of French Liberalism* (New York: Palgrave Macmillan, 2011).

22 서병훈, 『위대한 정치: 밀과 토크빌 시대의 부름에 답하다』(책세상, 2007), 150～151쪽.

23 Jean Jaurès, "Socialisme et liberté" *La Revue de Paris*, 1er décembre 1898. François Singly, *Les uns avec les autres: Quand l'individualisme crée du lien* (Paris: Arman Colin, 2003), 17쪽에서 재인용.

사유재산을 철폐하는 이유는 "진정하고 아름답고 건강한 개인주의"를 실현하기 위해서라고 주장했다.[24] 사회주의는 본래 개인주의의 실현을 목표로 하는 사상이다. 마르크스는 아침에는 일하고 오후에는 낚시하고 저녁에는 책을 읽거나 친구들과 토론하는 자유로운 일상을 꿈꾸었다. 사회주의는 존엄한 개인이 생산관계에 의해 소외된 상태에 있기 때문에 개인의 존엄성을 회복하려면 계급관계를 타파해야 한다고 주장했다. 러시아혁명의 지도자 레온 트로츠키가 말했듯이 "사회주의는 진정한 의미의 개인주의를 거친 사회에서만 건설할 수 있다." 개인을 억압하는 사회주의는 전체주의다. 전체주의는 사회주의의 파탄일 뿐이다. 경제적 평등의 실현을 내세워 개인의 자유를 억압한 현실 사회주의 체제는 전체주의였지 진정한 의미에서 사회주의가 아니었다. 개인의 자유는 사회적으로 보장되어야 한다. 개인의 자유는 혼자 주장할 때가 아니라, 사회적으로 인정받을 때 진정한 자유가 되기 때문이다. "사람은 누구나 다른 사람과 똑같은 권리를 누림으로써 존중받을 뿐만 아니라, 사회 속에서 다른 모든 사람

---

24 Oscar Wild, "The Soul of Man Under Socialism"(1891: Web. archive.org).

과 구별되는 자신만의 가치를 지닌 한 개인으로서도 인정"받아
야 한다.[25]

　자유주의와 사회주의만이 아니라 흔히 '무정부주의'로 번역
되는 아나키즘도 개인주의 사상의 주요 갈래 중 하나다. 아나키
즘은 '무정부주의'라기보다는 인간에 의한 인간의 모든 지배를
거부하는 '무지배주의'의 뜻을 담고 있다. 그것은 국가권력을 최
소화하면서 자발적인 개인의 자원적 연대를 강조하는 '무지배'
의 사상이다.[26] 초창기 아나키스트 사상의 대표적 인물이었던 막
스 스티르너Max Stirner는 『유일자와 그의 소유Der Einzige und sein
Eigentum』에서 대체될 수 없는 고유한 개인을 최대한으로 찬양했
다. 그의 개인주의 사상은 그가 남긴 "당신들 각자로 하여금 전
능한 유일자가 되게 하라", "내가 옳은가 그렇지 않은가를 심판
할 수 있는 것은 판사가 아니라 나 자신이다", "내가 행할 권리

25　장은주, 「정치적 인간, 인정의 정치」, 2016년 6월 4일, 네이버 열린연단 "문화의 안과 밖" 강연 원고.
26　아나키즘 일반에 대해서는 방영준, 『저항과 희망: 아나키즘』(이학사, 2006), 프레 포지에, 이소희·이지선·김지은 옮김, 『아나키즘의 역사』(이룸, 2003), 콜린 워드, 김성국 옮김, 『아나키즘이란 무엇인가』(이학사, 2019) 참조. 김성국은 아나키 즘과 자유주의를 결합해 아나키스트 자유주의를 주창했다. 김성국, 『잡종사회와 그 친구들: 아나키스트 자유주의 문명전환론』(이학사, 2015).

를 가지지 않은 것은 내가 자유의지를 가지고 행하지 않는 사항 뿐이다", "네가 할 수 있는 능력을 가진 것이라면 무엇이든지 행할 권리가 너에게 있다" 같은 문장에서 고스란히 드러난다.[27] 모든 권위와 권력의 지배로부터 자유롭기를 원하는 아나키스트는 최고의 권력기구인 국가를 거부하고 최소화하려고 한다. 독일의 아나키스트 스티르너는 "모든 통치기구는 그것이 한 사람의 전제이건 한 집단에 의한 전제이건 간에, 언제나 전제적이다"라고 폭로했고 프랑스의 아나키스트 프루동Pierre-Joseph Proudhon은 "인간에 의한 인간의 통치는 노예적 굴종이다. 누구든지 나를 다스리려고 손을 쓰는 자는 찬탈자요 압제자다. 나는 그에게 나의 적이라고 통고할 것이다"라고 선언했다.[28] 아나키즘은 국가권력의 강제와 지배를 거부하는 개인주의 사상이다. 자유주의, 사회

---

27 방영준, 「아나키즘과 자유교육」, 『공동체 · 생명 · 가치』(개미, 2011), 135~136쪽에서 재인용. 독일어판 *Der Einzige und Sein Eigenthum*(1844)의 영어 번역본으로 Max Stirner, Wolfi Landstreicher(tr.), *The Unique and Its Property*(Underworld Amusements, 2017)이 있고 프랑스어 번역본으로 *L'unique et sa propriété*(Paris: Stock, 1978)가 있다. 우리말 번역으로 박종성 옮김, 『유일자와 그의 소유』(부북스, 2023)과 박홍규 옮김, 『유일자와 그의 소유』(아카넷, 2023)이 나와 있다.
28 방영준, 위의 글, 142쪽에서 재인용.

주의, 아나키즘은 모두 개인의 자유를 출발점으로 하여 이상적인 사회를 구성하려는 사회사상이었다.

사고와 판단의 주체로서 개인

"나는 생각한다. 그러므로 나는 존재한다." 생각하는 나로부터 모든 것이 시작된다. 여기서 나는 다른 누구도 아닌 나 '개인'이다. 나에서 시작해서 가족과 국가와 세계와 우주의 존재를 인식하는 주체는 누구도 아닌 나 자신이다. 나는 우주의 작은 부스러기에 지나지 않지만 광대한 우주의 존재를 인식한다. 나는 우주의 배꼽이고 세상의 중심이다. 세상 만물이 내가 존재함으로써 나에게 의미를 갖는다. 개인주의는 '나'를 세상 만물의 출발점에 세운다. 내가 있어야 세상이 있다. 내가 없는 세상은 무의미하다. 그러나 거기서 생각을 멈추면 '닫힌 개인주의자'가 되고 만다. '열린 개인주의자'는 나를 출발점으로 삼지만, 거기에 머물지 않고 타자와 세상과 역사와 자연과 우주로 나아간다. 사고와 경험과 판단의 주체로서 나의 중심성은 잃지 않되 좁은 나 속에 갇히지 않고 자기 밖의 삼라만상 속에 자신을 자리매김할 줄 아는 '열린 개인주의자'가 진정한 의미에서 개인주의자다. 개인주의자는 자기에서 출발하되 끝없는 호기심을 가지고 자기 밖의 모든 존재에 관심을 기울인다. 가까이 또는 멀리 있는 다양한 타자와 관계 맺으며 익숙한 집을 떠나 낯선 땅을 여행하며 얻은 직간접 경험으로 자신의 인식 지평을 끝없이 확장하고 심화한다.

개인주의자는 전통과 관습을 무비판적으로 따르지 않고 대세나 다른 사람의 생각에 쉽사리 동조하지 않는다. 그는 많은 사람이 무심코 따르는 관습에 대해 '왜?'라는 질문을 던진다. 다른 사람과 다르게 생각하는 것을 두려워하지 않는다. 주류의 지배적 의견을 따르지 않고 비판적 소수 의견을 내는 것을 자랑스럽게 여긴다. 그러나 다른 사람이 타당한 의견을 주장하면 그것을 경청하고 수용해 자신의 생각을 바꾸기도 한다. 개인주의자는 무엇보다도 독자적으로 사유하는 생각의 주체다. 스스로 생각하지 않는 개인주의자는 없다.

한국인들은 1987년 민주화 이전 오랫동안 억압적 체제 아래 살면서 스스로 생각하는 힘이 약해졌다.[29] 대세와 주류를 따르는 데 익숙하다. 그래서 함석헌은 한국 사람들은 사람은 다 좋은데 들이파는 게 부족하다면서 "생각하는 백성이라야 산다"고 외쳤다. 많은 한국인들은 의견이 갈라지면 다수를 따르는 게 가장 안전하다고 생각한다. 자기주장을 하지 않고 가만히 있으면 중간이라도 간다고 생각한다. 양극단을 피하며 사태를 살피는 태도를 '중용'이라고 부르며 어정쩡한 태도를 정당화한다. 다수의 한국인들은 스스로 생각하고 판단하지 않는다. 남과 다르게 생각하는 것은 위험할 뿐이며 결국은 자신에게 해가 되어 돌아온다고 생각한다.

서양의 사회사상 전통과 달리 동아시아의 유교 전통은 개인보다 개인들 사이의 관계와 전체를 강조했다. 유교 전통은 특히 충효사상을 강조했는데 충은 국가와 왕에 대한 헌신을, 효는 가문과 부모에 대한 복종을 의미했다. 수신제가치국평천하에 들어

---

29 정수복, 『한국인의 문화적 문법』(생각의나무, 2007).

있는 '수신'은 '수기치인修己治人'이라는 말이 보여주듯이 '제가'
와 '치국'을 위한 예비 조건이었지 그 자체로 중요한 가치는 아
니었다. 유교 전통에서 개인적 삶의 가치는 가족과 국가를 통해
서만 실현될 수 있었다. '가문의 영광'이라는 말이 있듯이, 개인
의 출세도 가족의 테두리 안에서만 의미가 있었다.

이와 달리 개화기 이후 서구에서 한반도로 전파된 서구의 개
인주의는 개인의 자유와 자율을 국가와 가족을 포함한 그 모든
집단에 앞세운다. 자유주의와 아나키즘에서 개인주의는 정치적
이데올로기 이전에 하나의 삶의 방식이다. 그러나 노장사상, 불
교, 유교 등에도 근대적 의미에서 개인은 아니지만, 개인의 생각
과 판단의 자유를 보여주는 개인주의적 요소가 들어 있다.

동아시아 전통사상 속에서 개인은 수양과 수련, 명상과 내재
적 초월의 주체였다. 한국의 개인주의자는 전통 속의 반反개인주
의적 요소를 철저히 비판하고, 개인주의적 요소를 현대에 맞게
적절하게 재해석해야 할 과제를 안고 있다. 그러나 일단은 서구
에서 비롯되어 유엔 인권선언을 통해 인류 보편적 가치로 자리
잡은 개인의 권리를 최대한으로 존중하는 시민적 개인주의의 원
리를 확실히 이해하고 제대로 수용할 필요가 있다. 그 위에서 서

구 개인주의를 보완할 우리 나름의 동아시아 개인주의를 만들어 가야 한다.[30]

---

30 유가, 불가, 도가의 화합을 추구하는 조동일, 『동아시아 문명론』(지식산업사, 2010), 318~345쪽.

개인주의와 이기주의는 어떻게 다른가

개인주의를 부정적으로 생각하는 사람들은 개인주의를 이기주의egoism 같은 것으로 본다. 그러나 자유로운 개인주의자individualist를 자기중심적 이기주의자와 명확하게 구별해야 한다. 이기주의자와 개인주의자는 우선 자기 자신과 맺는 관계가 다르다. 이기주의자는 자신의 내면을 돌아보지 않는다. 그는 자기 밖의 이익이 될 만한 것에만 관심을 집중한다. 하지만 개인주의자는 자기 자신과의 진실한 관계를 중시한다. 이기주의자는 '자기이익self-interst'을 우선적으로 추구하지만, 개인주의자는 '진정한 자아authentic self'를 추구한다. 이기주의자는 세상의 쾌락과 재화를 추구하지만, 개인주의자는 자기 안에 들어 있는 자기다움을 실현하려고 한다.

이기주의자는 자기가 내린 결정이 잘못되었을 때 책임회피와 책임전가를 일삼는다. 그렇게 해서 손해를 보지 않으려고 한다. 그러나 개인주의자는 자기가 내린 결정에 끝까지 책임을 진다. 책임회피와 책임전가는 사유와 판단의 주체로서 자기 자신을 부정하는 일이기 때문이다.[31] 이기주의자는 자기 이익만 추구하지만selfish 개인주의자는 자기 자신을 존중self-respect한다.

이기주의자와 개인주의자는 타인과 관계 맺는 방식도 다르다. 이기주의자는 타인에 무관심하지만, 개인주의자는 타인을 존중한다. 이기주의자는 상대방을 자신의 목표를 달성하는 데 도움이 되는 수단으로 활용하지만, 개인주의자는 "어떤 사람을 있는 그대로 보고 그의 독특한 개성"을 알아보고 그것을 있는 그대로 존중하면서 그 사람이 "자기 나름의 방식으로 성장해 풍부한 삶을 살기를 바란다."[32] 모든 사람이 행복하게 살려면 "자신의 개성을 발전시켜 나감과 동시에 그 자유를 타인에게도 부여하지 않으면 안 된다."[33] 개인주의자는 자기의 욕망을 실현하기 위

---

31 정범모, 「개인과 집단」, 『격동기에 겪은 사상들』(서울대학교출판부, 2014), 86쪽.
32 에리히 프롬, 황문수 옮김, 『사랑의 기술』(문예출판사, 2014), 47쪽.
33 나쓰메 소세키, 김정훈 옮김, 『나의 개인주의 외』(책세상, 2002), 61~62쪽.

해 타자를 이용하지 않고, 타인의 개성을 존중하면서 깊고 넓게 교류하면서 서로를 풍부하게 만든다. 남녀 간의 사랑에서도 마찬가지다. 이기주의자는 시장에서 흥정하듯이 상대방의 외모, 학력, 가문, 재산, 직업 등을 점수로 매겨 그에 따라 사람을 판단하지만, 개인주의자는 상대방의 사람됨과 인격을 중시한다. 개인주의자의 사랑은 나 속에 상대방을 용해해버리지 않고, 나를 상대방 속에 녹여버리지도 않는다. 개인주의자는 서로 간에 벽을 허물어 고립감과 분리감을 극복하면서도 각자의 특성을 인정하고 존중한다. 연인관계나 부부관계도 일심동체一心同體가 아니라 이심이체二心異體다. "사랑에서는 두 존재가 하나로 되면서도 둘로 남아 있다는 역설이 성립한다."[34] 사랑하는 사람은 "자신의 기쁨, 자신의 관심, 자신의 이해, 자신의 지식, 자신의 유머, 자신의 슬픔—자기 자신 속에 살아 있는 모든 것의 모든 표현과 현시顯示를 주는 사람이다. 이처럼 자신의 생명을 줌으로써 타인을 풍요하게 만들고, 자기 자신의 생동감을 고양함으로써 타인의 생동감을 고양한다. 그는 받으려고 주는 것이 아니다. 그에게는 주는 것

---

34 에리히 프롬, 앞의 책, 38쪽.

자체가 절묘한 기쁨이다."[35] 개인주의자는 남녀 간의 사랑에서만이 아니라, 정도의 차이는 있지만 모든 사람과 그런 관계를 맺으려는 사람이다.

개인이 배타적으로 자기 이익만 추구하면 이기주의자가 된다. 시장의 논리에 따라 최소의 비용으로 최대의 이익을 추구하는 개인이야말로 합리적 이기주의자다. 시장경제의 논리가 민주주의의 논리 윗자리에 서면 개인주의자는 사라지고 이기주의자만 남게 된다. 시장경제의 논리는 민주주의의 논리에 의해 견제되고 조정되어야 한다. 견제와 균형이 민주주의의 기본원리 아닌가? 사회society가 시장market으로 환원될 때 개인주의는 이기주의로 전환된다. 공적 토론의 장이 사라지고 오로지 시장의 논리만 작동할 때, 분절된 개인이 민주주의라는 보편 가치와 분리될 때, 이기주의가 창궐한다. 공적 자아가 되지 못한 고독한 개인이 연대 없이 배타적으로 자기 이익만 추구할 때 이기주의자가 된다. 자신의 욕구를 죽이고 타인의 욕구를 충족해주는 사람은 성인聖人이거나 노예, 그 둘 중 하나다. 그와 달리 개인주의자는

---

35 에리히 프롬, 위의 책, 42~43쪽.

자기 이익과 타자의 이익을 함께 고려한다. 이기주의자는 자기 욕구에만 충실하지만, 개인주의자는 자기 욕구와 타인의 욕구를 함께 고려할 줄 아는 사람이다.

많은 사람이 개인주의를 이기주의와 혼동한다. 한국이나 일본은 말할 것도 없고 개인주의의 본고장이라고 말할 수 있는 프랑스에서도 '개인주의자'라는 말을 남을 배려하지 않고 자기 이익을 앞세우는 사람을 지칭할 때 사용한다. 그러나 분명히 말하건대 그런 사람은 이기주의자egoist이지 개인주의자individualist가 아니다. 개인주의자는 주류의 의견이나 다수의 생각을 무조건 따르지 않고 자신의 사유와 판단에 따라 사는 사람을 말한다. 그러므로 이기주의자를 개인주의자라고 비난하고 몰아붙이는 사회는 위험한 사회다.

개인주의에 대한 혐오가 전체의 이익을 위해 개인의 희생을 요구하는 논리로 둔갑하면, 집단적 광기의 파시즘이나 전체주의로 발전한다. 무솔리니, 히틀러, 프랑코로 대표되는 유럽의 파시즘, 소련의 스탈린주의, 일본의 천황제 군국주의, 중국의 문화혁명, 캄보디아 폴포트 정권 등이 그 생생한 보기들이다. 파시스트 체제나 전체주의 사회에서 이기주의자들은 권력의 앞잡이가 되어 설치지만, 개인주의자는 이기주의자로 몰려 희생당한다. 그렇다면 개인주의와 이기주의는 비슷한 말이 아니라 오히려 반대말에 가깝다.

스페인의 작가이자 철학자였던 우나무노Miguel de Unamuno가 '개인은 전 인류의 마지막 존재'라고 말했지만, '개인은 전 인류의 최초의 존재'이기도 하다. 개인이 없으면 인류도 없다. '개인주의individualism'라는 말 속에 들어 있는 '개인individual'은 더 이상 쪼갤 수 없는indivisible 마지막 단위를 뜻한다. 개인은 스스로 사고하고 행위하는 '최초'이자 '최소'의 단위다. 개인주의자는 세상을 자기의 눈으로 바라보고 판단하고 행위하지만 결코 자기중심주의egocentrism에 머무르지 않는다. 모든 개인의 마음속에는 보편적 자아, 공적 자아로 발전할 싹이 들어 있다. 개인은 고독한 주체이지만 타자와 교섭하고 연대하고 타자를 이해하고 배려하는 능력을 가진 사회적 개인이다. 그게 바로 알베르 카뮈가 말하는 '혼자이면서 연대하는 개인individu solitaire et solidaire'이다. 개인주의자는 자신만의 삶을 추구하지만 결코 자기 이익의 극대화를 위해 수단과 방법을 가리지 않는 이기주의자가 아니다. 자신의 자유가 중요하기 때문에 남의 자유도 똑같이 존중하는 사람이 개인주의자다. 개인주의자는 자기 안에 갇히지 않고 타자의 입장에서 생각하는 능력을 갖춘 공감적 개인이다. 그래서 개인주의는 집단이기주의를 배척하고 공익과 공공선을 추구하는 보편주의와 맞닿아 있다.[36] 그런 의미에서 개인주의자는 시민citizen이고 공민public이기도 하다. 인류 최초의 존재이고 마지막 존재이기도 한 개인은 개인주의를 통해 궁극적으로 '세계시민cosmopolitan'이 될 수밖에 없다.

---

36 '혼자이면서도 연대하는 개인주의'는 김홍중의 용어를 빌리자면 '생존주의'를 벗어나 '독존주의'와 '공존주의'를 결합한 것이다. 생존주의란 "삶의 경쟁 상황에서 도태되지 않기 위해 생존에 최우선의 가치를 부여하는 '마음의 구성체'이며, 독존주의는 "생존주의와 일정한 거리를 두고, 개인화된 자율적 삶을 확보하고자 하는 마음/가짐"을 뜻하고, 공존주의는 "생존주의적 삶의 형식의 시대적 전황에 문제를 제기하면서 다양한 형태의 집합적 라이프스타일을 대안으로 모색하는 마음가짐"을 의미한다. 김홍중, 『사회학적 파상력』(문학동네, 2016), 256~257, 279~281쪽.

나다운 삶의 추구로서 개인주의

우리 각자의 마음속에는 사회적 규범에 따라 살아가는 '나', 길들여진 '나'가 들어 있다. 세상에 태어나 부모와 학교 선생님과 어른들과 언니와 누나와 형들로부터 세상에서 살아가는 법을 배우던 나는 사춘기가 되면서 "나는 누구인가?"라는 질문을 던지게 된다. 그 질문에 답하기는 쉽지 않다. 그렇기 때문에 많은 사람이 '나'를 정의하지 못하고 사회적으로 통용되는 '역할'로 자기 자신을 규정하게 된다. "나는 학생이다, 주부다, 가장이다, 선생이다, 공무원이다, 대통령이다, 노동자다, 농민이다, 자영업자다, 정규직 회사원이다, 알바생이다, 비정규직이다, 취준생이다"라고 생각한다. 그러나 나 속의 '나'는 직업이나 역할로 한정되지 않는다.

'나'는 나만의 특성을 가진 개인이다. '나' 속에는 누구도 아닌 나만의 '나'가 들어 있다. 우리는 모두 누구도 살아줄 수 없는 나만의 삶을 살 수 있는 가능성을 담고 있다. 인생의 궁극적 목표는 진정한 '나'를 찾아내고 '나'를 만들어가는 일이다. '나'를 발견하고 '나'를 발명하는 나만의 삶을 살아야 한다.

그러나 우리는 늘 사회로부터 "이런 삶을 살아라", "저런 삶을 살아야 한다"라는 권유와 회유의 소리를 들으며 살아간다. 그래서 자기 안에서 희미하게 들리는 '진정한 삶', '자기다운 삶'의 소리를 못들은 채 뒤로하고 누군가 밖에서 큰소리로 외치는 소리에 따라 살기 쉽다. 사회학을 전공한 시인 오은의 표현에 따르면 자기'다움'의 삶을 살지 못하고 '척'하는 삶을 살기 쉽다.

밖에서 들려오는 이래라저래라하는 처세술의 내용은 무엇일까? 그건 꿈을 꾸는 낭만주의자가 되지 말고 돈을 좇는 현실주의자가 되어야 하며, 자기 자신과 자기 가족 중심으로 살아가는 가족이기주의자가 되어야 하며, 남에게 인정받는 삶을 살기 위해 끊임없이 능력을 키우는 능력주의자가 되어야 하며, 미래의 이익을 위해서 남과 좋은 관계를 유지하며, 패거리를 이루어 의리를 지키면서, 윗사람의 비위를 잘 맞추면서 시키는 대로 일하고,

불만이 있다고 해도 따지지 말고 적당히 참고 견디면서 실용적이고 기만적이고 가식적인 삶을 살라는 메시지다.

그런데 그렇게 살다 보면 자기'다움'은 시간이 흐르면서 얇게 닳아 없어진다. 알맹이는 다 사라지고 껍데기만 남게 된다.[37] '진정한 삶authentic life'은 증발하고 '척하는 삶gesture life'만 계속된다. 있는 척, 예쁜 척, 순수한 척, 잘난 척, 잘하는 척, 착한 척, 못된 척, 괜찮은 척, 모른 척, 진지한 척, 반성하는 척, 변화하는 척, 자기를 속이는 삶을 살게 된다. 남의 눈을 의식하며 시늉만 하며 사는 삶, 주어진 역할을 연기하는 삶을 살게 된다.[38]

개인주의자는 자기 안에 들어 있는 알맹이를 찾아내어 자기다운 진정한 삶을 사는 사람이다. 태생적인 성향과 인생 경험 속에서 만들어진 그 알맹이의 내용은 개인에 따라 다르다. 문제는 다양한 형태와 색깔을 가진 개인들이 각자 그 알맹이를 찾아내고 발전시켜 자기다운 삶을 사는 것이다.

---

37 오은, 『유에서 유』(문학과지성사, 2016), 79~81쪽.
38 오은, 위의 책, 113~115쪽.

개성 존중으로서 개인주의

모든 개인은 세상에 태어날 때 자기만의 특성을 갖고 태어난다. 얼굴이 다르고 목소리가 다르고 기질과 성격이 다르다. 바닷가의 모래알처럼 수많은 사람 가운데 똑같은 사람은 한 사람도 없다. 내가 나로 존재할 수 있는 것은 내가 나만의 개성을 가지고 있기 때문이다. 개인의 존엄성은 한 사람 한 사람이 그 어떤 다른 개인으로도 대체될 수 없는 독자적 존재라는 사실에서 비롯된다.[39] 개인주의의 입장에서 볼 때 가장 이상적인 삶은 자기가 타고난 특성을 최대한으로 풍요롭게 펼치는 삶이다.[40] 자기만의

---

39 김성국, 『잡종사회와 그 친구들』(이학사, 2015), 100쪽.
40 철학자 이진우도 "개인주의는 개인의 능력과 소질을 최대한으로 높여 완전한 개인으로 만드는 것이 궁극적인 목적"이라고 본다. 이진우, 『개인주의를 권한다』(21세기북스, 2022), 6쪽.

특성 즉 개성을 최대한으로 발현하며 사는 삶이 가장 이상적인 삶이다. 개인주의는 개인의 특성을 존중하는 '개성 존중주의'다. 개인주의자는 자신의 개성을 남이 존중해주기 전에 스스로 존중한다.

메이지 시대 일본의 근대문학을 대표하는 작가 나쓰메 소세키夏目漱石(1867~1916)에 따르면 개인주의자가 된다는 것은 남의 기준에 따라 사는 '타인 본위'의 삶에서 자기 개성을 존중하는 '자기 본위'의 삶으로 전환을 의미한다. 그는 1904년 일본의 귀족 자제들이 다니는 학습원에서 "나의 개인주의"라는 제목의 강연을 했다.[41] 개인을 억압하고 집단을 강조하는 일본 사회에서 그의 개인주의에 대한 옹호는 이례적이었다. 이 강연에서 나쓰메 소세키는 남의 가르침과 시선 속에서 자신의 삶을 구성하는 '타인 본위'의 삶을 떠나서 자신의 판단으로 세상을 보고 자신의 삶을 구성하는 '자기 본위'의 삶을 살게 된 과정을 이야기했다. 그는 그런 전환의 과정을 거치면서 오랫동안 자신을 괴롭

---

41 나쓰메 소세키, 앞의 책, 39~75쪽.

히던 존재의 불안이 사라지고 힘찬 기개가 생기는 경험을 했다. 그는 그런 자신의 경험을 바탕으로 젊은이들에게 자신의 개성을 발현할 수 있는 일을 발견할 때까지 매진하지 않고 중도에 자기 본위의 삶을 포기하면 결국 불행해질 수밖에 없다고 말했다. 나쓰메 소세키는 국가주의로 환원되지 않는 개인주의와 국경을 넘어서는 세계주의가 한 사람 안에 공존할 수 있다고 주장했다. 그는 "개인주의적 요소를 유린하지 않으면 국가가 망할 것처럼 주장하는 사람들"에게 "사실 우리는 국가주의자이기도 하고 세계주의자이기도 하고 동시에 개인주의자이기도 합니다"라고 선언했다.[42]

국가주의가 강한 사회에서 자기 본위의 개인주의자로 살아가기는 어렵다. 집단주의 사회에서 개성이 강하다는 말은 칭찬이 아니라 비난이다. 그것은 독창적이고 비범하다는 뜻보다는 유난스럽고 극성맞고 자기만 아는 이기주의자라는 뜻을 함축한다. 모든 사람은 다른 사람과 비슷한 점도 있고 다른 점도 있다.

42 나쓰메 소세키, 위의 책, 68쪽.

다른 사람과 구별되는 자기만의 특성이 개성이다. 그런데 20세기의 대부분 세월을 식민지 체제, 전시체제, 권위주의 체제라는 '근대 아닌 근대'의 시기를 살아온 한국인의 뇌리에는 "모난 돌이 정 맞는다"라는 속담이 선명하게 새겨져 있다. 주류와 대세를 벗어나 개성을 추구한 자는 거의 여지 없이 비극과 수난을 겪었기 때문이다. 그래서 남과 다른 점, 독특한 점은 감추고 비슷한 점과 같은 점만 내보이며 사는 획일적인 사회가 되었다. 개성 없는 '무난한' 인간으로 남과 비슷하게 평범한 삶을 살아가는 것이 많은 사람이 사는 모습이 되었다. 그런 사회에서 자신의 개성대로 살려고 했던 사람들은 다음과 같은 절규를 내뱉지 않을 수 없었다.

내 안에서 솟아 나오려는 것, 나는 그것을 살아보려고 했다. 왜 그것이 그토록 어려웠을까?

헤르만 헤세의 소설 『데미안』의 어딘가에 나오는 구절이다. 자신의 개성대로 남과 다르게 살아보려고 했던 사람은 이런저런 어려움에 봉착하면서 다음과 같이 중얼거리기도 한다.

다 나처럼 살라는 게 아니다. 나 같은 사람도 있다는 것이다.[43]

산다는 게 다 그렇고 인간은 누구나 다 비슷하다고 말할 수도 있다. 그러나 태어나서 살다가 죽는다는 점은 같지만, 살아가는 방식은 저마다 다를 수밖에 없다. 누구도 다른 사람과 똑같은 방식으로 살지 않는다. 벨기에 태생의 프랑스 작가 마르그리트 유르스나르Marguerite Yourcenar는 인간은 모두 죽는다는 점에서 동일하지만 생각하는 방식, 사는 방식, 사랑하는 방식에서는 모두가 다를 수 있다고 생각했다.

다른 사람들이 생각하는 것처럼 나는 생각하지 않는다.
그들이 사는 것처럼 나는 살지 않는다.
그들이 사랑하는 것처럼 나는 사랑하지 않는다. ……
그들이 죽는 것처럼 나도 죽으리라.[44]

---

43 마광수, 『마광수의 뇌구조』(오늘의 책, 2011), 227쪽.
44 오정숙, 『마르그리트 유르스나르, 영원한 방랑자』(중심, 2007), 5쪽에서 재인용.

한 개인은 특정한 상황 속에서 태어난다. '요람에서 불평등'이란 말이 있는데, 한 사람이 누리는 인생의 기회는 많은 부분 태생에 따라 결정된다. 그것을 사람들은 팔자니 운명이니 하면서 받아들인다. 그러나 인생은 스스로 선택과 결단, 의지와 노력에 의해 만들어지기도 한다. 스페인의 철학자 호세 오르테가 이 가세트 José Ortega y Gasset는 상황으로 환원되지 않는 개인의 선택 가능성에 대해 다음과 같은 의견을 밝혔다.

상황과 선택이 삶을 구성하는 본질적인 두 요소다. 우리는 마치 궤도가 이미 결정되어 있는 탄환처럼 실존 속에 발사된 존재가 아니다. 우리가 이 세계에 태어날 때 짊어진 운명은 그와 정반대다. 우리에게 부과된 것은 하나의 궤도가 아니라 여러 개의 궤도이며, 따라서 우리는 선택을 해야만 한다. 얼마나 놀라운 조건인가! 산다는 것은 우리가 자유를 행사하고 우리의 위치를 이 세계 속에서 선택하도록 운명적으로 강요받았음을 느끼는 것이다. …… 따라서 상황이 삶을 결정한다고 말하는 것은 거짓이다. 오히려 그 반대로 상황은 항상 새로운 딜레마이고, 그것에 직면한 우리가 선택을 해야만 한다. 선택을 한다는 것은 우

리의 특성이다.[45]

  페미니즘을 내세우는 여성운동도 결국은 개인주의의 실현을 위한 운동이다. 가부장제 사회가 만들어놓은 억압의 굴레를 벗어나 스스로 원하는 삶을 살기 위해 외부적 조건을 바꾸어가는 여성운동의 궁극적 목표는 여성 각자가 개성을 지닌 자기 삶의 주인이 되는 데 있다. 주어진 상황에서 자신만의 선택으로 자신의 삶을 만들어가는 것이 페미니스트의 삶이다. 프랑스의 여성 철학자 주느비에브 프레스Geneviève Fraisse는 여성운동을 여성 개개인이 스스로의 삶이라는 그림을 그리기 위해 팔레트의 물감 색깔을 최대한으로 다양하게 만들려는 운동으로 해석한다.[46] 여성과 남성의 구별을 넘어 개인주의자는 자신의 삶을 자신의 특성에 따라 자유롭게 창조하려는 사람이다. 개인주의자는 팔레트 위에 이미 주어진 색깔 가운데 어느 하나를 선택하는 자유를 누리지만, 그것들을 배합해서 자기가 원하는 새로운 색조를 만

---

45 오르테가 이 가세트, 황보영조 옮김, 『대중사회』(역사비평사, 2005), 66쪽.

46 Geneviève Fraisse, *Les deux gouvernement: la famille et la Cité*(Paris: Gallimard, 2000).

들어내기도 한다. 폴란드의 반체제 지식인이었던 코와코프스키 Leszeck Kolakowski는 인간의 창조적 자유에 대해 다음과 같이 말했다.

> 인간의 자유는 그의 의식 밖의 세력으로부터 강요된 것이 아니라 자기 스스로 선택하는 능력을 말한다. 선택의 자유는 우리 안에 언제나 존재한다. 그러나 자유는 이미 다 준비된 것들 가운데 하나를 선택하는 것에 한정되지 않는다. 그것은 완전히 새롭고 전혀 예상하지 못한 것을 창조하는 능력이기도 하다.[47]

개인주의자는 늘 외부 세계에 열려 있다. 그는 한 곳에 고정되지 않고, 여러 영역을 돌아다니면서 발견한 여러 삶의 방식을 자기 나름대로 편집하고 조합해 자기만의 정체성을 구성한다.[48] 그는 이방인이고 노마드의 특성을 갖는다. 현상학적 사회학자 버거와 루크만은 '개인주의자'를 다음과 같이 정의했다.

---

47 Leszeck Kolakowski, *Petite Philosophie de la vie quotidienne*(Monaco: Edition du Rocher, 2001), 89~91쪽.
48 '편집'은 세상 모든 것들이 끊임없이 구성되고, 해체하고 재구성하는 과정이다. 김정운, 『에디톨로지: 창조는 편집이다』(21세기북스, 2014), 24쪽.

'개인주의자'는 최소한 여러 세계 사이를 이주해 다닐 수 있는 잠재력을 지닌 특정한 '사회적 인간 유형'으로 출현한다. '개인주의자'는 가용한 여러 정체성이 제공하는 '재료들'을 혼합해 의도적이며 자각적으로 자신의 자아를 구성하는 사회적 인간 유형이다.[49]

개인주의자의 정체성은 태어날 때 주어진 고정된 실체가 아니다. 개인주의자는 외부에 의해 규정되기를 거부한다. 개인주의자는 누구의 자녀, 어느 나라 국민, 어느 학교의 학생, 성별, 나이, 성적 지향성, 피부색, 출신 지역, 인종, 종교, 이데올로기, 직업 등 정체성을 구성하는 여러 요소를 자기 나름대로 재구성해 자신이 누구인지 스스로 정의하는 사람이다. 그는 자신의 삶을 살아가면서 자아 정체성을 새롭게 재구성하는 '브리콜뢰르bridoleur'(한정된 자원과 도구로 창의성을 발휘해 새로운 것을 창조해내는 사람)라고

---

49 The 'individualist' emergre as a specific social type who has at least the potential to migrate between a number of available worlds and who has deliberately and awarely constructed a self out of the 'material' provided by a number of available identities. Peter Berger and Thomas Luckmann, *The Social Construction of Reality* (New York: Anchor Book, 1967), 171쪽.

할 수 있다. 개인주의자는 여러 정체성을 다양한 방식으로 조합해 어느 하나의 정체성으로 환원되지 않는 자신만의 고유한 정체성을 구성한다. 그것은 버거와 루크만이 말했듯이, 전적으로 의도적이며 의식적으로 수행하는 작업이다.

개인주의자는 철저하게 자기 본위의 삶을 살아간다. 그렇게 살 때 힘들지만 행복하다. 그러나 한국 사회에는 자기와 다른 기준을 가지고 다른 방식으로 살아가는 사람을 가만히 보지 못하는 획일주의에 물든 사람들이 너무 많다. 아니 그런 사람들이 주류를 이룬다. 그들은 차이를 인정하지 않는다. 어떻게 해서든지 다른 사람들의 '뛰는' 부분을 죽여서 자기와 비슷한 존재로 만들어놓아야 직성이 풀리고 안심이 된다. 한국 사회는 "나는 길들여지지 않는다"라고 선언하는 사람들이 끝까지 버티기가 힘든 사회다.[50] 모든 사람이 비슷해야 한다고 생각하는 집단주의자들은 다양한 개성을 가진 사람들끼리 맺는 상생과 상호보완적 관계를 인정하지 않는다. 그러나 개인주의자는 차이와 다양성을 존중하고, 그것들이 만나 새로운 삶이 창조된다는 점을 잘 안다. 흔

---

50 이주향, 『나는 길들여지지 않는다』(명진출판, 1996).

히 '인간존중'이라고 말하지만 거기서 인간은 '인류'라는 총칭이 아니라 개성을 지닌 '개인'을 말한다. 개인주의의 입장에서 보면 천도교에서 말하는 '인내천人乃天'은 "사람이 곧 하늘이다"가 아니라 "개인이 곧 하늘이다"로 해석되어야 한다. 개인주의는 개성을 지닌 개개인에 대한 존중을 뜻한다. 어떤 획일적 기준으로 사람을 보고, 그 기준 밖의 것은 보지 못하는 무감각이야말로 반개인주의의 표현이다. 사람들 사이의 상호존중은 상대방의 인격과 개성을 존중하는 것이다. 개인주의자는 자신과 다른 타자의 특성을 세심하게 살피고 차이를 존중한다.

자아실현으로서 개인주의

　　모든 인간은 자유롭고 평등한 존재로 세상에 태어난다. 그런 생각의 바탕 위에서 개인주의는 존재한다. 자유·평등·우애를 내세운 프랑스혁명 인권선언 이후 세계인권선언과 각 나라의 헌법은 모든 인간은 자유롭고 평등하게 태어난다는 생각에 기초해 있다. 주권재민 앞에 인권존중이 있다. 물론 현실에는 억압과 불평등이 존재한다. 그러나 그것은 교정하고 수정해야 할 상태이지, 자연스럽거나 당연한 상태가 아니다. 근대의 역사는 남성 지배층만 누리던 권리를 점차 많은 사람으로 확대한 인권 확장의 역사다. 신분제가 폐지되어 귀족과 양반이 사라졌고, 노예제가 폐지되어 모두가 자유인이 되었고, 노동운동의 결과 노동자의 권리가 인정되고, 식민주의가 종식되고 공식적인 인종차별이 불가능해졌고, 여성운동이 일어나 남녀평등이 당연한 원칙으로 자리 잡았으며, 아동의 권리와 소수자 권리, 장애인과 난민의 권리도 존중되어야 한다는 생각이 널리 퍼졌다. 모든 인간은 자유롭고 평등하게 태어난다는 보편적 원리가 점차 여러 영역으로 확대된 것이다. 모든 인간은 그 자체로 존엄하다는 바로 그 인권 사상에서 개인주의가 시작된다. 누구라도 인간으로 태어났으면 개인으로 존중받고, 자기 나름의 삶을 살아갈 권리가 있다. 세상에 태어나 사회의 구성원으로 살아가기 위해서는 부모를 비롯한 전 세대로부터 양육과 교육을 받아야 한다. 그러나 누구라도 성년이 되면 자신의 삶의 내용과 형식을 스스로 결정할 권리를 갖는다.

모든 인간은 평등하게 태어나지만, 그와 동시에 서로 다르게 태어난다. 개체성individuality과 개인의 고유한 특성uniqueness of personality에 대한 존중이야말로 근대에 이르러 인류가 이룩한 인권 신장의 최고 성과다. 진정한 자유는 단지 구속에서 벗어나는 데 머물지 않는다. 그것은 자신이 가지고 태어난 잠재된 고유성을 최대한으로 발현하는 적극적 자유, 자아실현의 자유를 말한다. 에리히 프롬은 이렇게 말했다.

적극적 자유라는 개념에는 고유한 개인의 특성보다 더 높은 권력은 없으며 인간은 자신의 삶의 중심이며 목표라는 원칙이 담겨 있다. 개인의 자아 성장과 자아실현이라는 목표는 다른 어떤 더 큰 위엄을 지닌 목표 아래에 놓일 수 없는 최상의 목표다.[51]

인간은 스스로를 완성해야 할 미완의 존재로 태어난다. 인간은 이미 정해진 형상으로 세상에 태어나지 않는다. 인간은 스스로 형태를 만들어야 할 밀가루 반죽과 같은 상태로 태어난다. 인간은 자신의 삶의 방식, 자신의 운명을 스스로 만들어가는 존재다. 어떤 외부의 지시에도 순종하지 않고 자신의 타고난 내적 잠재력을 최대한으로 발휘하고 현실화하는 삶이야말로 진정한 개인주의자의 삶이다. 남과 다른 자기만의 고유한 특성을 최대한 발휘하는 삶이야말로 가장 의미 있는 삶이다.

그런 자아실현은 "자기 자신의 자아를 존중하는 만큼 타인의 자아가 갖는 고유성을 최대로 존중한다는 조건에서만 이루

---

51 Erich Fromm, *Escape From Freedom* (New York: Discus Books, 1965)[1941], 291쪽.

어질 수 있다."[52] 각자의 자아실현은 타인의 자아실현을 존중하면서 서로 상생하고 상승한다. 자아의 실현과 만인의 평등은 서로 모순되지 않는다. 평등이란 누구나 자유와 행복을 추구할 수 있는 권리이며, 사람들 사이의 관계가 지배-피지배의 관계가 아니라 상호연대의 관계임을 의미한다. 그렇다고 평등이 모든 사람이 다 똑같거나 비슷해야 한다는 뜻은 아니다. 모든 사람은 다 자기만의 특성을 가지고 태어남을 인정하고, 그것을 최대한으로 실현할 수 있게 지원하는 사회가 좋은 사회다. 개인주의자는 '동이불화同而不和', 서로 비슷한 사람들이 불화하는 사회가 아니라 '부동이화不同而和', 서로 다른 사람들이 조화를 이루는 사회를 추구한다.[53]

그러나 개인의 자아실현이라는 목표는 쉽게 도달할 수 없는 어려운 인생의 과제다. 현실 사회의 불평등과 압제 같은 사회적 조건이 만인의 자아실현을 허용하지 않는다. 근대의 도래와 더불어 점차 많은 사람이 가족, 공동체, 집단, 국가 등 개인을 억압

---

52 Erich Fromm, 위의 책, 290쪽.
53 김성국, 『잡종사회와 그 친구들: 아나키스트 자유주의 문명전환론』(이학사, 2015).

하던 강제적 구속력에서 이전보다 훨씬 자유로워졌다. 그러나 그 구속에서 해방은 개인적 자아실현을 위한 기본 조건일 뿐이다. 자아를 실현할 수 있는 외부적 조건이 주어져도 동화를 요구하는 대세의 압력 때문에 자아실현을 추구하기보다는 평범한 평균적인 삶으로 회귀할 때도 많다. 많은 사람에게 자아실현이라는 적극적 자유는 감당하기 어려운 '짐'이 될 수 있다. 그래서 적극적으로 자아를 실현하지 못하면 불안, 불면, 결정장애, 피로감, 우울증 등을 경험하기도 한다.[54]

근대 사회는 개인을 집단에서 해방시켰지만, 그와 동시에 개인을 고립시켜 불안하고 무기력한 존재로 만들었다. 그런 고립무원의 상태에서 개인은 자아실현을 추구하기보다는 자유라는 짐을 벗어 던지고 새로운 의존과 복종의 상태로 돌아갈 가능성이 크다. 전통적 공동체에서 떨어져 나와 고립된 개인이 기댈 곳을 찾는 의존심리는 강력한 지도자가 이끄는 집단주의 파시즘이 등장하는 밑거름이 된다.[55] 에리히 프롬의 진단에 따르면, 자

---

54   Alain Ehrenbeng, *La fatigue d'être soi: Dépression et société*(Paris: Odile Jacob, 2000).

55   Erich Fromm, 앞의 책, vii~viii쪽.

아의 고유한 특성을 존중하고 그것을 실현하도록 돕는 것이 근대의 인류가 설정한 최고의 목표인데, 1930년대 독일에서 파시즘의 등장으로 민주주의가 위기에 처하면서 자아의 실현도 불가능하게 되었다.[56] 그런 경향은 옛 독일의 경험으로 끝나지 않고 세계 곳곳에서 다시 등장하고 있다. 오늘날 한국의 상황도 선거를 비롯한 제도적 민주화는 성취했지만, 자아실현을 위한 시민적 개인주의는 충분히 존중받고 있지 못하다는 것이 나의 진단이다. 그렇다면 개인주의의 가치를 분명히 하고 각자 자신의 잠재적 특성을 최대한으로 실현할 개인 주체의 형성이 한국 사회의 시급한 과제로 등장한다.

---

56 Erich Fromm, 위의 책, 290쪽.

주체 형성으로서 개인주의

개인주의자는 스스로를 주체로 형성하는 사람이다. 사회운동을 주제로 연구한 프랑스의 사회학자 알랭 투렌Alain Touraine은 "우리가 다르면서도 평등하게 함께 살아갈 수 있을까?"라는 질문을 제기하고 그런 사회를 만들 수 있는 주체적 조건을 탐색했다.[57] 서로 다르면서도 상호 인정하고 협력하며 지지하는 사회는 어떻게 가능한가? 그것은 보이는 힘만이 아니라 보이지 않는 힘에 의해서도 휘둘리지 않는 주체의 형성으로 가능하다. 스스로 판단에 따라 세상과 부딪치며 주체적으로 살아가는 사람들이 모여 사는 사회, 자기만의 이익이 아니라 다른 사람의 이익도 고

---

[57] Alain Touraine, *Pourrons-nous vivre ensemble?, Égaux et différents* (Paris: Fayard, 1997). 알랭 투렌은 나의 박사학위 논문 지도 교수였다.

려하며 '모두' 함께 자유롭고 평화롭게 살아갈 수 있는 사회, 그런 사회를 만들기 위해서는 모든 사람이 '개인주의자'가 되어야 한다. 개인주의는 각자 자기의 '나'를 정의하는 주체가 되자는 생각이다. 알랭 투렌은 '사회적으로 결정된 나'가 아니라 '스스로 창조한 나'를 '주체'로 정의한다. 개인이 되려는 욕망, 자신만의 역사를 창조하려는 욕망, 개인적 삶의 전체에 의미를 부여하려는 욕망을 가진 사람이 '주체'다. 자신의 삶을 사는 사람, 사회적 집단이나 소속 공동체의 기준에 따라 살기보다는 "자기 안에서 자신의 행위를 인도하는 준거점을 찾는 사람이 주체다."[58] 그런 사람들이라야 서로 다르면서도 평등하게 함께 살아갈 수 있다.

테러리즘과 인종차별주의를 연구하는 사회학자 미셸 비비오르카Michel Wieviorka는 알랭 투렌의 주체 개념을 좀 더 발전시켜 다음과 같이 정의했다. "주체는 스스로 선택하는 능력을 갖는 고유한 존재로 스스로를 구성하는 가능성이다. 그러므로 주체는 경제 논리, 공동체 논리, 기술의 논리, 정치 논리 등 모든 지배 논

---

58 Alain Touraine, "La formation du sujet," François Dubet et Michel Wieviorka(sous la direction de), *Penser Sujet, Autour d'Alain Touraine*(Paris: Fayard, 1995), 29쪽.

리에 저항한다. 다시 말해서 주체는 자기 자신의 의미를 자기 내부의 논리에 따라 구성하는 가능성이다. 주체는 자신에게 고유한 삶의 행로를 만들어내는 자유로운 존재로서 스스로를 구성하는 가능성이다."[59]

주체 형성이란 결국 주체성을 갖는 개인의 형성을 뜻한다. 주체성이란 내가 나의 삶의 주인이라고 자각하는 마음의 상태를 의미한다. 석가모니가 외친 '천상천하유아독존天上天下唯我獨尊'은 다름 아닌 주체성 선언이었다. 그것은 자신의 삶을 누구에게도 맡기지 않고 자신의 뜻에 따라 살아가겠다는 결단의 표현이었다. '나'는 그 누구로도 환원되지 않는 하나만의 고유한 존재다. 각자에게는 자기 자신이 우주만물 가운데 가장 존귀한 존재다. 주체는 객체가 되기를 거부한다. 객체가 되는 순간 주체성을 상실하기 때문이다. 내가 세상에서 하는 모든 일은 나로 말미암은 것이다. 개인주의자는 통념과 관습을 따르지 않고 주체적으로 판단하며 자유롭게 살아가는 사람이다. 다시 말해서 주체성을 지닌 사람이다. 모든 일을 스스로 판단하고 결정하고 그에 대

59 Michel Wieviorka, *La violence* (Paris: Balland, 2004), 286쪽.

한 책임도 스스로 지는 사람이다. "남이 나의 언동으로 나를 어떻게 생각할 것이라는 걸 알되 남의 눈치를 보거나 남의 생각에 이끌리지 않는다."[60] 주체성을 가진 사람은 남의 생각을 참고하지만, 거기에 의존하지 않는다. 자기 삶의 주인인 개인주의자는 누구의 생각에도 종속되기를 거부한다. 주체성을 가지고 하루 24시간을 온전히 자기 마음대로 부리는 사람이 개인주의자다.

그러나 사회생활을 하고 조직 생활을 하는 사람이라면, 언제 어디서나 자기 생각대로만 살아갈 수는 없다. 개인주의는 추구해야 할 이상적인 상태이지만, 현실에서 개인주의를 구체적으로 실현하며 살기는 어려운 일이다. 이에 대해 '도道정신치료'를 제창한 정신의학자 이동식은 다음과 같은 견해를 표명했다.

나 이외의 외부의 힘이나 존재에 부림을 당하는 것이 주체성이 없는 것이고, 내가 모든 것을 부리는 주인공이 되는 것이 주체성이다. 주체성의 이러한 경지는 인간의 최고 성숙이요, 성인聖人이요, 부처요, 진인眞人의 경지요, 서양식으로 표현을 한다면 인

60　이동식, 「한국인의 주체성 확립과 주체성의 본질」, 고려대학교 행동과학연구소 편, 『한국인의 주체성』(고려대학교행동과학연구소, 1978), 174쪽.

간이 신神이 되는 경지다. 이것은 이상적인 경지요, 주체성의 최고 목표다. 현실에 있어서는 주체성의 다과多寡의 정도의 차이가 있을 뿐이다. 다만 우리는 행주좌와行住坐臥에 자신의 주체성을 높이는 노력을 계속할 수 있을 따름이다.[61]

그렇다면 주체성을 갖고 사는 일을 자기 이외의 모든 사람이나 사물을 지배하는 일로 착각해서는 안 된다. 이 세상에 하나밖에 없는 고유한 존재로서 주체적으로 살아가기를 원하는 사람은 타인의 주체성도 최대한으로 존중하게 된다. 그래서 주체성은 늘 상호주체성이다. "주체성이 높아질수록 타인이나 민족이나 우주가 다시 내 속으로 들어와서 나와 우주가 일치하게 된다."[62] 그런 사람들이 모여 함께 만드는 사회가 '좋은 사회good society'다. 그런 사람만 사는 곳이 있다면 그곳이 바로 천당이요 극락이다.

진정한 의미에서 개인주의자는 집착적인 욕망의 노예가 되

---

61 이동식, 위의 글, 174쪽. '행주좌와'란 불교에서 말하는 일상적인 기거동작으로 다니고, 머물고, 앉고, 눕는 일을 뜻한다.
62 이동식, 위의 글, 183쪽.

지 않는다. 그와 반대로 자기중심적 욕망에서 해방되어 타인과 우주와 합치되는 진정한 자기인 진아眞我로 돌아간다. 서양의 정신분석에서도 동아시아의 '도道'와 마찬가지로 진정한 자기로 돌아가는 것을 인생의 궁극적 목표라고 본다. 융C. G. Jung이 말했듯이 정신분석의 목표는 "남이 아니고 자기가 되는 것"이다. 개인주의자는 진정한 자기를 깨달은 사람이다. 진정한 자기를 찾아 주체성을 가지고 사는 사람은 남과 비교해 열등감이나 우월감을 갖지 않는다. 힘이 없으면서 있는 체하지 않고, 힘이 있다고 남을 짓누르지 않으며, 힘이 없다고 비굴하게 굴지 않는다. 척하는 삶을 살지 않는다. 있는 그대로의 자기를 긍정하고 존중하며 남도 똑같이 존중한다.

민주주의의 기초로서 개인주의

민주주의는 우리 사회가 지향하는 이념이다. 개인주의자는 근본적 의미에서 민주주의자다. 민주주의의 최소 정의는 개인이 1인 1표의 동등한 권리를 갖는 것이지만, 민주주의의 최대 정의는 개인의 주체적 활동 능력을 최대한으로 보장하는 정치이념이다. 민주주의와 개인주의는 동전의 양면이다. 진정한 의미에서 개인주의는 민주주의의 발전을 위해서 꼭 필요한 것이다. 민주주의가 없어도 개인주의는 존재할 수 없지만, 개인주의 없는 민주주의는 사상누각이다. 개인주의자는 개인의 자유를 억압하는 권력의 지시나 억압에 수동적으로 순응하지 않는다. 권력의 횡포에 복종하는 신민臣民이 아니라 스스로 권리를 지키는 시민市民이 있어야 민주주의가 가능하다. 자신과 동료 시민들의 자유로운 삶을 위해 공동체의 구성원으로서 스스로 권리와 의무를 자각하고, 공동체의 구성원으로서 주체적으로 사고하고 참여하는 개인주의자들이야말로 진정한 의미에서 시민이다.[63] 개인주의 없는 민주주의는 종잇장 위의 민주주의에 불과하다. 민주주의는 개개인이 솔선하고 자발적으로 협력해 만들어가는 정치체제다. 억압과 불의를 비판하는 데 그치지 않고, 공적인 일에 스스로 참여하는 시민이 있어야 민주주의가 유지된다.

1930년대 이탈리아, 독일, 스페인, 포르투갈 등에서 파시즘이 극성을 부리고 소련에서는 스탈린의 전제적 공산주의가 강화되고 있을 때 미국의 철학자 존 듀이 John Dewey 는 자유민주주의의 가능성을 개인주의에서 찾았다. 그는 개개인이 자발적으로 주도하고 참여하는 참여민주주의에 의해서만 개인의 자유와 개성을 보장하는 사회제도를 만들 수 있다고 주장했다. 그는 파시즘과 공산주의라는 두 개의 전체주의가 발흥하는 상황에서 "개인이야말로 사회생활의 성격에 영향을 미치는 결정적 요인이라

---

63 그러나 개인주의가 극단적인 자기중심주의로 기울어 "자발적 결사체와 시민사회, 그리고 더 나아가 국가의 정당한 역할을 폄하하거나 소홀히 할" 경우에는 민주주의에 해가 될 수도 있음을 경계해야 한다. 강수택, 『연대주의: 모다니즘 넘어서기』 (한길사, 2012), 347쪽.

는 나의 생각을 과거보다 더 강하게 주장하고 싶다"고 자신의 신념을 밝혔다.[64]

개인주의 없는 민주주의는 취약하다. 유럽의 파시즘만이 아니라 일본의 천황제 파시즘도 취약한 개인주의에서 비롯되었다. 1919년 다이쇼 민주주의를 구가하던 일본을 방문한 존 듀이는 개인을 존중하는 민주주의가 제도화되지 못할 경우, 일본은 관료들과 군인들이 지배하는 군국주의의 길로 들어설 것이라고 예견했다.[65] 1945년 아시아-태평양 전쟁에서 패전한 일본 사회개혁의 일차적 과제는 군국주의 체제를 민주적 체제로 전환하는 일이었다. 미군정하에서 일본 사회는 제도적으로는 민주화되었다. 그러나 일본 사회의 뿌리 깊은 집단주의 에토스가 일본 사회의 민주화를 가로막는 걸림돌로 작용했다. 전쟁 기간에 일본 사회는 개인주의를 영국과 미국을 중심으로 한 서구 세력의 중심 사상으로 보고, 그에 대한 가차 없는 비판을 계속했다. 대표적 지식인들이 앞장서서 일본적 집단주의에 뿌리를 둔 천황제 군국주

---

64 John Dewey, "I believe", *Later Works*, vol.14(Carbondale: Southern Illinois University Press, 1977), 91쪽. Joëlle Zask, *Introduction à John Dewey*(Paris: La Découverte, 2015), 70쪽에서 재인용.

65 John Dewey, 위의 글.

의로 '영미귀축英美鬼畜'의 개인주의를 분쇄하자고 선전했다. 따라서 패전 후 민주화를 위해서는 개인주의에 대한 올바른 이해가 필수였다. 전후 일본의 대표적 정치사상가 마루야마 마사오丸山眞男는 개인의 주체성 확립을 일관되게 강조했다. 그는 집단으로부터 독립적인 개인 주체의 형성 없이는 일본 사회의 민주화가 불가능하다는 생각을 펼쳤다. 그가 말하는 개인은 양심의 자유를 누리는 '자유로운 인격'일 뿐만 아니라 스스로 체제를 만들어낼 수 있는 '행위의 주체'이기도 하다.[66] 행위의 주체를 시민이라고 본다면 시민이 되기에 앞서 먼저 개인이 되어야 한다. 집단으로부터 자유로운 개인이 형성되어야 책임을 갖춘 시민도 탄생할 수 있다. 일본 사회가 아직도 지난날 저지른 침략의 역사를 반성하지 못하는 근본적 이유는 집단에서 자유로운 '개인'이 탄생하지 않았기 때문이다. 일본 사회는 개인주의가 약하기 때문에 민주주의도 약하다.

민주주의는 스스로 생각하고 판단하고 행위하는 개인을 기초단위로 삼아 이루어진다. 미국 예일대학의 사회학자 제프리

---

66 김석근, 「마루야마 마사오에서의 '개인'과 시민: 주체 문제와 관련하여」, 김석근, 가루베 다다시 엮음, 『마루야마 마사오와 자유주의』, 29쪽.

알렉산더 Jeffrey Charles Alexander는 "생동력 있는 민주주의가 형성되려면 어떤 종류의 사람들이 필요한가?"라는 질문에 다음과 같이 답했다.

> 민주주의는 자기 통제와 개인적 주도권에 달려 있다. 그렇기 때문에 내부의 충동이나 외부의 강압에 의해 종속되거나 수동적으로 행위하지 않고 스스로 자신을 통제하고 능동적이며 자율적으로 행위하는 개인을 요구한다. 개인의 자유와 공동체의 의무 그 둘을 조화시킬 수 있는 개인, 합리적이고 분별력 있으며, 침착하고, 현실감 있고, 맑은 제정신을 갖는 개인이 있어야 민주주의가 가능하다.[67]

자기 통제력을 가진 능동적이며 자율적으로 행위하는 개인이 곧 개인주의자다. 그런 개인주의자가 공적 문제에 관심을 가지면 시민이 된다. 개인주의자는 자기 내부의 충동을 다스릴 줄 알고 자기 바깥에서 오는 강압에 순종하지 않는다. 반면에 비민

---

67 Jeffrey Alexander, *The Civil Sphere* (Oxford: Oxford University Press, 2006), 57쪽.

주의적이고 반시민적인 집단주의자는 충동적이고, 수동적이고, 의존적이며, 비합리적이고, 분별력이 없으며, 타율적이다. 그래서 외부의 선동과 선전에 휘말려 쉽게 흥분하고, 왜곡된 현실감에 빠져 난폭하고 격렬하게 감정을 표출하기 쉽다.[68]

집단주의자일수록 자기들끼리 폐쇄적인 음모의 사회를 만든다. 집단 내부에서는 지도자를 정점으로 지배-복종 관계를 이루며 집단 밖의 타자를 의심의 눈초리로 바라보며 배제한다. 반면에 개인주의자일수록 개방적인 사회를 만든다. 그들은 신뢰하는 사회적 관계를 만들고 가식 없이 자신을 표현하고 자신을 존중하는 만큼 상대를 배려한다. 근거 있는 권위는 존중하지만, 비합리적 권위주의는 배격한다. 기만적이라기보다는 정직할 것이며, 집단적 공모보다는 공개적 토의를 통해 공적인 결정을 내린다. 자기 이익을 추구하지만, 탐욕을 경계하고 양심을 지키며 명예를 저버리지 않을 것이다. 동료를 경쟁자나 적이 아니라 친구로 대할 것이다.[69] 민주주의는 개인주의자들이 다수가 되어 집단주

---

68 최종렬, 「'이게 나라냐?': 박근혜 게이트와 시민영역」, 문화사회학회 발표문(2017년 2월 24일), 7쪽.
69 최종렬, 위의 글, 14쪽.

의자들을 견제하고 견인하고 변화시킬 수 있어야 안정된다. 집단주의자들이 다수가 되어 개인주의자를 압도하고 배제하면 권위주의를 거쳐 전체주의 사회가 된다. 개인주의 없이는 민주주의도 없다.

일상의 예절로서 개인주의

모든 인간이 타고나는 인간으로서 존엄성을 존중하는 개인
주의자는 타인을 소중한 개인으로 인식하고 대우한다. 나는 나
대로 타인은 그 나름으로 특성을 지닌 개별화된 인간이다. 개별
화된 인간은 서로 다르지만 평등한 존재다. 개인주의자는 자율
적이고 독립적인 존재이지만, 자기를 존중하는 만큼 상대방을
존중한다. 개인주의자는 인간관계의 민주화를 지향한다. 개인주
의자는 나의 인격이 귀중하듯 타인의 인격도 소중하게 여긴다.
개인주의자는 모든 사람을 대등하게 대한다. 개인주의자는 사람
을 획일적 기준에 따라 점수 매겨 서열화하지 않는다. 윗사람에
게 아부하거나 비굴하지 않고 약자에게 갑질을 하지 않고 아랫
사람에게 모멸감을 주지 않는다. 개인주의자는 타인을 그 사람

자체로 볼 뿐, 그 사람의 소속과 지위에 따라 다르게 대하지 않는다. 사회에는 직업에 따른 사회적 지위의 차이가 있고 조직에는 직급에 따라 위계질서가 있다. 사회가 제대로 기능하려면 직업이 다양한 직종으로 분화되어야 하고, 조직이 제대로 움직이려면 업무 처리상 서열체계가 필요하다. 그러나 그런 구분은 기능과 직능상의 구분일 뿐, 인격의 상하관계를 규정하는 것은 아니다. 직업의 분화와 직능의 구별이 차별적 수직관계가 되어서는 안 된다. 각자 자신이 맡은 자리에서 자신이 해야 할 일을 하면서 서로 존중하고 협력하는 수평관계여야 한다. 부모와 자녀, 교사와 학생 사이의 관계는 기본적으로 양육과 교육을 위한 수직관계이지만 그와 동시에 인격적으로 서로 존중해야 할 수평관계이기도 하다.

개인주의는 자연스럽게 일상의 예절로 이어진다.[70] 과거의 예절은 주로 상하관계의 예절이었다. 아랫사람이 윗사람 앞에

70　정치학자 최장집은 "국가의 과도한 중심성을 견제하면서 개인 자율성과 인권을 존중하는 가치가 바로 자유주의다. 개인·시민사회가 더 강해져야 민주주의가 발전할 수 있다"면서 자유주의의 가치를 공존과 관용의 정신, 법의 지배, 그리고 시빌리티civility(예절 혹은 예의)라는 세 가지로 요약했다. 배영대·이상화, 「자유주의 논쟁(1), 최장집 이사장의 '진보적 자유주의」,《중앙일보》, 2013년 7월 6일.

서 지켜야 할 몸가짐과 말하는 법 등이 예절의 주요 내용을 이루었다. 그러나 개인주의자의 예절은 대등한 동격의 사람들끼리의 예절이다. 사회적 위계질서는 존댓말과 하댓말, 표정, 목소리, 거동 등에서 차별적으로 표현된다. 그러나 개인주의자는 윗사람이라고 아랫사람을 내려다보거나 소리치지 않고, 아랫사람이라고 윗사람을 비굴하게 모시지 않는다. 직능상 구별이 있으므로 윗사람은 아랫사람에게 지시하고 아랫사람은 윗사람의 지시를 받지만, 그것은 직능상 관계이지 인격적 상하관계가 아니다. 개인주의자는 모든 사람에게 존댓말을 쓰고 대등한 자세로 상호소통한다. 직무상의 일 이외에는 상대방에게 어떠한 개인적 서비스도 강요하지 않는다.

그렇게 상호존중하는 민주적 관계는 가정교육을 통해 길러진다. 어린아이는 부모의 보호와 양육 속에 성장하지만, 부모의 소유물이나 부속물이 아니다. 부모와 똑같은 인격을 지닌 한 사람의 인간이다. 그러므로 부모는 세상에 태어난 순간부터 아이를 보호하고 양육하면서도 하나의 독립된 개체인 아이를 인격적으로 대해야 한다. 아들과 딸, 첫아이와 막내를 다르게 대하지도 않는다. 개인으로 존중받고 자라야 아이들이 성인이 되면서 그런 방식으로 타인을 대하게 된다.

개인은 자기 이외의 누구도 침범할 수 없는 고유한 자기 결정의 영역을 갖는다. 개인주의자는 가족과 집단, 사회와 국가가 간섭할 수 없는 사적 영역의 존중을 요구한다. 개인주의자는 '프라이버시privacy'에 속하는 타인의 사생활을 존중한다. 남의 사생활을 함부로 방해하거나 침범하지 않는다. 누구나 자기만의 내면이 있고 사생활의 영역이 있다. 개인주의자는 각자 마음속의 신성한 '비밀정원'을 서로 존중하고 보호한다.

개인주의자는 사적 공간과 공적 공간을 구별하고 공적 공간에서는 그에 맞는 예절을 지킨다. 과거에는 그런 예절을 '공중도덕'이라고 불렀으나 앞으로는 '시민예절'이라고 부르기를 제안한다. 개인주의자는 길거리, 광장, 공원 등 공적 장소, 버스, 기차, 지하철, 비행기 등 공적 운송수단, 공공기관, 공연장, 영화관, 경기장 등에서 언제나 타인의 존재를 인식하고 함부로 행동하지 않는다. 자기만 있고 남은 존재하지 않는 것처럼 큰 소리로 말하거나 무례하게 바라보지 않으며, 사적 감정 표현을 지나치게 하지 않는다. 부모는 스스로 시민예절을 지키면서 아이들이 공공장소에서 마음대로 소란을 피우는 것을 자제시켜야 한다. 공공

장소에서 자기 마음대로 행동하는 것은 타인의 존재를 무시하는 이기적 행위이며 타인을 자신과 동등한 존재로 존중하지 않는 예의 없는 행위다. 시민예절에는 장애가 있는 사람이나 외국인 노동자 등 소수에 속하는 사람들을 보통 사람과 똑같은 시선으로 바라보는 '예의 바른 무관심civil inattention'도 포함된다. 소수자는 그들을 뚫어지게 바라보는 시선을 차별의식의 표현으로 받아들인다. 남성들이 여성을 바라보는 일상의 시선에도 시민예절이 필요하다.

파리에 오래 살다가 귀국한 내가 서울의 일상에서 느끼는 두 도시의 가장 큰 차이점은 사소한 예절을 지키지 않는다는 점이다. 서울에서는 혼잡한 장소에서 서로 부딪혔을 때 못 본 척하면서 그냥 지나간다. 어떻게 보면 일상의 관용tolérance라고 볼 수도 있지만, 다르게 보면 예절이 없는 거친 행위라고 볼 수 있다. 프랑스에서는 다른 사람과 부딪혔을 때 꼭 '파르동Pardon'이라고 말하며, 버스에 탈 때 운전기사에게 '봉주르Bonjour'라고 말하고, 상점에서 물건을 사고 나서도 점원에게 '메르시Merci'라고 인사한다. 그건 상대방을 개인 인격체로서 존중한다는 표시로 볼 수 있다. 개인주의자는 남의 신체에 비의도적으로 부딪쳤을 때 "미안합니다"라는 말로 예의를 차려야 한다. "감사합니다"와 "죄송합니다"라는 말도 상황에 따라 적절하게 자주 사용하면 좋을 것이다. 동방예의지국의 개인주의자들은 사소한 일에서도 상대방을 존중하는 예절을 지킨다. 이기주의적 무례함은 개인주의와는 거리가 멀다.

탐미적 쾌락주의로서 개인주의

삶에는 고통과 쾌락이 공존한다. 모든 사람은 삶의 고통이나 슬픔을 피하려 하고 기쁨과 쾌락을 추구한다. 살아가면서 즐거움을 추구하는 일은 자연스럽고 당연하게 보인다. 개인주의자는 억압을 거부하고 즐거움을 추구한다. 쾌락은 억압의 반대인 개인의 자유를 요구한다. 자유는 억압에 대한 '위대한 거부'다. 억압의 거부는 개인을 해방시키는 자유의 길이요, 즐거움의 세계를 여는 길목이다.[71]

모든 인간은 행복을 추구할 권리가 가지고 태어난다. 누구라도 지금 여기에서 하루하루 살아가면서 크고 작은 즐거움과 만

---

71 김성국, 『잡종사회와 그 친구들』(이학사, 2015), 869쪽.

족을 누려야 한다.

일제 강점기와 한국전쟁을 겪은 나의 부모 세대는 생존을 최고의 가치로 여겼다. 그들은 금욕주의를 몸에 익히고 쾌락과 즐거움의 추구를 죄악시했다. 절약과 근검을 좌우명으로 삼고 살아온 그들의 눈에는 조그만 즐거움을 추구하는 것도 방종이고 퇴폐풍조로 보였다. 그러나 이제 그런 시대는 한참 전에 물 건너갔다. 누구라도 삶에서 즐거움을 누릴 당연한 권리가 있다. 인간의 자연스러운 욕망을 억압하는 금욕주의는 비인간적이다. 개인주의자는 즐거움을 추구하고 근거 없는 억압을 거부한다. 1968년 5월 프랑스의 젊은이들은 "금지하는 것을 금지해야 한 다Il faut interdir d'interdir"고 주장했다. 그들은 "타부도 없고 금지도 없는Sans tabou, Ni interdi"세상을 원했다. 하지만 세월이 흐르면서 그들의 주장은 도를 지나쳤다. 그들의 쾌락주의는 향락주의로 변질되었다. 진정한 개인주의자는 향락주의를 경계한다. 개인주의자는 때로 어떤 대상에 탐닉할 수 있다. 그러나 지속적 탐닉은 삶을 위험에 빠뜨린다. 절제 없는 향락과 지속적 탐닉은 결국 자기파괴로 귀결된다. 먹고 마시고 노래하고 춤추고 성교하면서 즐거움을 얻는 것은 인지상정이다. 그러나 식탁의 즐거움과 침대의 즐거움은 서재와 자연의 즐거움과 짝을 이루어야 한다. 몸의 오감을 통한 쾌락과 정신의 확장과 심화를 통한 즐거움이 조화를 이루어야 한다.

물론 일차적으로 경제적 안정이 중요하다. 하지만 개인주의자는 조금 덜 벌더라도 즐겁게 일하고 창조성을 발휘할 수 있고 자율적으로 일할 수 있기를 원한다.[72] 생존을 위해서는 일해야 하지만, 이왕 하는 일이면 즐겁게 할 수 있어야 한다. 개인주의자는 한 푼 더 벌려고 아등바등하지 않고 삶의 즐거움을 추구한다. "인생은 한 번뿐이다." You live only once! 개인주의자는 노동의 윤리를 저버리지 않지만, 일에 파묻혀 삶이 주는 쾌락과 즐거움을 저버리지 않는다. 개인주의자는 일과 여가의 균형, 워라밸을 추구한다. 과로와 피로를 멀리하고 항상 쾌적한 몸과 마음의 상태를 유지한다. 개인주의자에게 '번아웃Burnout'은 없다.

개인주의자는 자기 삶의 주인이 되어 주체적으로 즐거움을 추구한다. 무엇을 먹고, 무엇을 마시고, 어떤 책을 읽고, 어떤 음악을 듣고, 어떤 춤을 추고, 어떤 운동을 하고, 누구와 사랑할 것

---

72 로널드 잉글하트, 박형신 옮김, 『조용한 혁명: 탈물질주의 가치의 출현과 정치지형의 변화』(한울아카데미, 2023).

인가는 삶에서 매우 중요한 결정이다. 개인주의자는 다만 그런 선택에 자기만의 색깔을 입힌다. 자기만의 고유한 취향을 통해 남과 다른 즐거움을 느낀다. 개인주의자는 즐거움과 아름다움을 결합하는 미학적 쾌락주의를 지향한다. 미학적 쾌락주의자는 요란하지 않고 은은한 쾌락을 추구한다. 물질적, 육체적, 감각적 즐거움을 추구하지만 정신적, 내면적, 미학적 즐거움도 추구한다. 돈으로 살 수 있는 외형적이고 외면적이고 물질적이고 사회적으로 부러움을 사는 소비생활에만 즐거움이 있는 건 아니다. 어떻게 일하고 어떻게 여가를 보낼 것이며, 그 둘을 어떻게 연결할 것인지가 인생의 관건이다. 개인주의자는 자기만의 방식으로 일과 여가를 배합한다. 개인주의자는 남들이 따르는 유행과 관습을 거부하는 일상의 작은 반란에서 즐거움을 느낀다. 남들이 다 가는 값비싼 '핫한 장소hot place'보다는 널리 알려지지 않았지만 자기 마음에 드는 '쿨한 공간cool space'을 찾는다. 비싼 명품이 아니라 자신의 개성을 돋보이게 만드는 편안한 옷을 찾아 입으며, 베스트셀러가 아니라 자신의 마음에 드는 책을 골라 읽는다. 비싼 고급 아파트도 좋지만 단순하고 깨끗한 주거 공간에서 살면서 즐거움을 느낀다. 실내에 값비싼 물건은 하나도 없지만 마음에

드는 그림, 조형물, 전자제품, 옷장과 식탁, 소파, 서가, 책상, 화분을 적절하게 배치해 편안하면서도 정신의 고양이 이루어지게 꾸민다.

미학적 쾌락주의자는 오도된 욕망, 물신화된 상품 소유 욕구에서 벗어나 새로운 감각과 세련된 안목으로 자기만의 쾌락을 추구한다. 다른 사람들이 다 걸어가는 닳아빠진 뻔한 길이 아니라 자기만의 한적한 오솔길을 찾는다. 개인주의자의 쾌락은 새로운 것을 발견하고 없던 것을 발명하면서 극대화된다. 감각적 유흥이나 불필요한 과소비, 세속적 과시나 가벼운 놀이에서 즉각적으로 얻는 즐거움도 좋지만 하루하루 달라지는 자기를 발견하고, 내면의 비밀정원을 가꾸고, 자연의 신비로운 변화를 관찰하면서 그윽한 즐거움을 누린다. 미학적 쾌락주의자는 매일매일의 삶에서 새로운 영감을 얻고, 인식의 지평이 확대되고 내면적 삶이 깊어지는 것을 느끼며 마음의 충만함을 누린다. 그것은 갑자기 급하게 다가오는 쾌락이 아니라 서서히 차오르는 즐거움이다.

개인주의자가 걷는 길에는 남이 모르는 숨겨져 있는 즐거움이 즐비하다. 자연과 교감할 수 있는 능력이 있다면 지는 해가 만드는 붉은 노을, 밤하늘의 은하수, 폭풍 후의 맑은 공기, 해변의 보름달, 들판의 야생화, 등위에 내려앉는 햇살, 얼굴을 스치는 산들바람, 졸졸 흐르는 시냇물 소리, 철새 떼의 비상, 비 온 뒤의 흙냄새, 여름날의 풀냄새에서 무한한 즐거움을 느낄 수 있다. 문화적 교양이 있다면 문학, 역사, 철학, 사회과학, 종교, 예술 분야에서 출간된 수많은 양서를 읽으며 정신적 쾌락을 누릴 수 있으며 동서고금의 수많은 그림, 조각, 건축, 음악, 무용, 영화, 사진, 설치미술 등에서 무제한의 미적 쾌락과 정서적 즐거움을 누릴 수 있다. 정해진 틀에서 벗어나 자기만의 삶을 추구하는 개인주의자는 그런 쾌락을 날마다 누리며 살아간다.

2부

개인주의는 어떤 조건에서 등장하는가?

개인이 없는 것만큼 불행한 것이 없다. – 유걸(건축가)

스스로 선택할 줄 아는 첫 사람, 스스로의 운명을 자신이 결정하는 최초의 인간상이 바로 이 시대에 등장한 것이다. – 최열(미술평론가)

나는 그 누구도 다른 이들이 만든 잣대에 자신의 삶을 맞춰 살아서는 안 된다고 생각한다. – 닉 나이트(사진작가)

그대는 그대 자신이 되어야 한다. – 니체(철학자)

오늘날 우리는 자기 빛깔을 지니고 살기가 정말 어렵게 되어 가고 있다. 개인의 신념이나 개성이 둘레로부터 도전을 받는다기보다는 차라리 화살의 목표가 되기 때문이다. – 법정(스님)

고독함과의 친밀한 관계 속에서만 인간은 스스로를 발견한다.
– 루이스 바라간(건축가)

개성은 고독에서 나오고 성격은 사회생활에서 나온다.
– 최재서(영문학자)

'압축 근대'와 전통의 지속

한 시대는 그 시대와 확연하게 구별되는 새로운 시대의 도래와 함께 지난 시대가 된다. 그러나 새로운 시대가 도래했다고 해서 지난 시대에 속했던 정신의 습관이나 물질의 흔적이 깨끗이 자취를 감추는 것은 아니다. 19세기 말 이후 한반도의 역사는 서구에서 시작된 근대를 따라잡기 위한 필사적 노력의 시간이었다. 한국의 근대는 서구 사회가 몇 세기 동안 경험한 근대를 몇십 년 만에 달성한 '압축 근대'였다.[1] 이제 우리는 한 세기 넘는 집합적 노력을 통해 산업화와 민주화를 실현해 근대 사회의 모습을 갖추게 되었다. 거기서 한 걸음 더 나아가 한국 사회는 정보통

---

1   Kyung-Sup Chang, *South Korea under Compressed Modernity*(New York: Routledge, 2010).

신기술 분야에서 다른 나라에 앞선 '인터넷 강국'이 되었다. 한국 사회에는 근대를 넘어 탈근대적 요소가 나타나고 있지만, 전근대적 요소도 많이 남아 있다. 짧은 시간 동안에 엄청난 변화를 경험한 압축 근대화의 결과로, 시대를 달리하는 전근대-근대-탈근대 요소가 지금 여기 한국 사회에 공존하고 있다. 우리는 이른바 '비동시적인 것들의 동시성'[2]을 경험하고 있다.

지난 한 세기 한국 사회는 사회적 가치의 차원에서 엄청난 변화를 경험했다. 한국의 전통 사회는 신분제 사회였기에 사람이 세상에 태어날 때 사회적 위치가 결정되었다. 혈통과 가문에 따라 양반, 중인, 평민, 노비라는 신분이 부여되었다. 그러나 갑오개혁으로 신분제는 폐지되었고 일제 강점기를 거쳐 6·25전쟁에 이르는 시기에 양반과 상민의 구별은 거의 사라졌다. 그 결과 오늘날 우리의 의식 속에는 모든 인간은 자유롭고 평등하게 세상에 태어난다는 생각이 거부할 수 없는 보편적 이념으로 자

---

2 에른스트 블로흐가 처음 만들었고 칼 만하임이 사용한 이 개념은 원래 유럽의 후진국 독일의 상황을 설명하기 위한 용어였다. 그러나 이 개념은 독일이나 한국만이 아니라 미국, 영국, 프랑스 등 모든 나라에 적용할 수 있다. 정도의 차이가 있을 뿐 근대적 요소는 언제 어디서나 전근대적 요소와 공존하고 탈근대적 요소를 만난다.

리 잡았다. 그럼에도 가족과 친족을 강조하는 한국의 유교 전통은 쉽사리 사라지지 않았다. 산업화와 도시화의 진전에도 불구하고 가족적 연대와 유대를 중시하는 가족주의는 계속 힘을 발휘했다. 혈연에 기반한 가족주의 전통은 지연과 학연으로 확대되면서 서로 아는 사람끼리 끈끈한 유대관계를 맺으며 폐쇄적이고 배타적으로 협력관계를 유지하며 이해관계를 함께하는 연고주의 관행을 강화했다. 한국 사회의 압축 근대화는 그런 전근대적 관습을 적극적으로 활용하면서 이루어졌다. 전통 사회의 농촌에서 벗어나 익명의 도시에서 살아가게 된 개인들이 지난날의 습속을 크게 벗어나지 못하고 가족과 친족, 혈연, 지연, 학연이라는 전근대적 연줄망 속에서 근대적 삶을 영위했다. 한국의 끈끈한 연고주의 관행은 독립적이고 자율적인 개인의 탄생을 쉽사리 허용하지 않았다.

민주화에서 '압축 개인화'로

1987년 이후 국가중심주의가 완화되고 정치적 민주화가 진행되었다. 시민운동이 형성되고 자유로운 의사표현이 가능해졌다. 가족의 수준에서는 남성 중심의 가부장제가 약화되고 가족 구성원 사이의 관계가 변화되기 시작했다. 1989년의 가족법 개정은 가족 내 민주화의 제도적 표현이었다. 1990년대에는 남성 중심의 권위주의 체제가 양성평등의 민주적 관계로 변화를 요구받는 시기였다. 가족법 개정은 부계 중심의 친족체계를 약화시키면서 여성의 지위를 향상시켰다.[3] 1990년대는 남녀평등을 진작시키는 다양한 법과 제도가 만들어졌다. 2005년 이루어진 호

---

3   여성들의 의식 변화에 결정적으로 중요하게 작용한 변화는 부모 재산 상속에서
     아들·딸, 기혼·미혼과 상관없이 모두 똑같은 몫을 받도록 한 내용이다.

주제 폐지는 한국 사회의 남성중심주의, 권위주의, 집단주의의 원형으로 작용했던 '부계제 친족체계'의 정당성을 허물어뜨렸다.[4] 이러한 변화에 힘입어 여성들의 교육 수준이 크게 향상되면서, 아직 한계가 있지만 여성들도 전문직과 고위직을 비롯해 다양한 직업 세계에 진출하게 되었다. 이제 여성들은 자신의 '몸'과 '성'에 대한 가부장제 권력의 통제를 벗어나 성적 자기결정권을 행사하게 되었다. 신세대 여성들을 중심으로 전개되는 성희롱과 성폭력에 대한 적극적 대응은 그런 변화의 자연스러운 귀결이다.

1990년대는 도시적 감수성을 표현하는 대중문화가 형성되는 시기였다. '서태지와 아이들'의 등장은 그 신호탄이었다. 오늘날 전 세계적으로 알려진 방탄소년단[BTS]의 활약상은 이러한 흐름의 자연스러운 연장이다. 개인용 컴퓨터와 휴대전화를 소유하게 된 청소년들은 자기들만의 소통 채널을 만들고 부모 세대와 구별되는 감수성과 표현방식을 공유했다. 중고등학교 학생들은 교복을 착용하는 등 아직 완전하지는 않지만, 과거와 비교해 훨

---

4   홍찬숙, 『개인화: 해방과 위험의 양면성』(서울대학교출판문화원, 2015), 156쪽.

씬 더 많은 자유를 누리게 되었다.

1997년 말 불어닥친 금융위기와 그에 뒤따른 구조조정으로 남성들의 조기퇴직과 명예퇴직이 증가했다. 이에 따라 성인 남성이 가계 경제를 책임지는 가부장제 가족이 현실적 위기에 직면했다. 가족의 생계를 책임지는 남성 가장은 집단주의와 권위주의의 수행자로서 개인주의를 억압하는 역할을 담당했다. 그들에게는 박정희와 정주영이 따라야 할 모델이었다. 그러나 호주제가 폐지되고 여성의 지위가 향상되면서 가부장제가 약화되고 개인주의가 등장할 수 있는 상황이 도래했다. 2000년대에 진행된 정보통신혁명으로 신세대는 새로운 감수성과 개인주의 문화의 담당 세력이 되었다. 거의 무한대로 확장된 가상공간에서 네티즌들은 시간과 공간의 장벽을 넘어 자신의 생각과 감정을 자유롭게 표현하고 있다. 사이버 공간에서 익명성에 기대어 체험한 개인주의는 현실의 오프라인 공간으로 확산되고 있다. 대학진학률이 70~80퍼센트에 이르면서 젊은 세대는 누구나 기본적인 '문화자본'을 갖추고 자신의 목소리를 낼 수 있게 되었다. 가족을 비롯한 조직 생활에서 가부장제 사회질서가 흔들리면서 여성들과 젊은이들은 과거와는 다른 새로운 삶을 살 가능성이 커졌다. 자녀 수가 한두 명으로 줄어들고 아파트가 일반적 주거 형태가 되면서 어린 시절부터 각자 '자기만의 방A Room of One's Own'을 갖게 되었다. 청소년들은 개인용 컴퓨터와 휴대전화를 갖고 부모의 감시와 통제를 벗어나 자유롭게 가족 밖의 세계와 직접 소통하며 정보와 지식을 얻고 오락과 취미생활을 할 수 있게 되었다.

서구에서는 19세기 이후 1차 개인화가 일어나고 1960년대 후반부터 2차 개인화가 일어났으나, 한국에서는 1990년대 이후 짧은 시기에 개인화가 압축적으로 이루어졌다. 이런 '압축 개인화'의 소용돌이 속에서 1인 가구가 크게 증가했다.[5] 이혼, 비혼, 미혼, 만혼으로 혼자 사는 사람이 늘어났다. 출산율이 떨어지고 자살률이 증가했다. 대학에 입학하면서 집을 떠나 혼자 사는 젊은이가 늘어났고, 직업상의 이유로 가족을 떠나 외지에 홀로 사는 사람도 늘어났다. 수명이 길어지면서 배우자와 자식 없이 홀로 사는 독거노인도 늘어났다. 결과적으로 부모와 자녀로 구성된 혈연집단에서 떨어져 나와 홀로 살게 된 개인이 크게 증가

---

[5] '압축 개인화'는 홍찬숙이 만든 용어다. 홍찬숙, 위의 책, 160쪽.

했다. 2023년 12월에 발표된 통계에 따르면, 1인 가구가 750만 2,000가구로 전체 가구에서 34.5퍼센트를 차지했다.[6]

개인화가 진행되면서 전통적인 소속감이 약화되고 있다. 부정적으로 말하자면 사회의 '파편화'가 심화되고 있다. 가족주의와 집단주의가 개인에게 가하는 압력이 줄어들고 있다. 국가와 직장과 가족이 개인에게 요구하던 헌신은 더 이상 자연스럽게 수용되지 않는다. 가족적·집단적 연대가 약해지는 반면에 개인은 스스로 원하는 삶을 살 수 있는 여지가 커졌다. 누구의 명령이나 충고를 따르지 않고 스스로 자신의 일상을 책임지고 살아가게 된다. 물리적 차원의 개인화는 이념적 도덕적 차원에서 개인주의를 촉진한다. 물리적으로 개인화된 개인은 점차 각자가 자기 삶의 주인이자 주체라는 생각을 갖기 쉽다. 국가나 직장이나 가족을 위해 개인이 있는 것이 아니라 개인을 위해, 국가, 직장, 가족이 존재한다고 생각하게 된다. 산업화와 도시화, 민주화와 가부장제의 해체, 정보화와 신세대 문화의 형성은 물리적 개인화가 삶의 철학으로서 개인주의로 이어질 수 있는 유리한 조건으로 작용한다.

6　「2023 통계로 보는 1인 가구」(통계청, 2023.12.12).

개인화에서 개인주의로

한국 사회에는 보수와 진보를 막론하고 개인주의에 대한 불신과 반감이 뿌리 깊게 내려 있다. 유교적 전통 안의 가족주의와 거기서 파생한 연고주의와 수직적 위계질서로 이루어진 집단주의가 개인주의를 쉽사리 허용하지 않는다. 독재체제를 비판한 이른바 민주화 세력에 속하는 사람들도 민족주의, 가족주의, 집단주의, 연고주의를 당연하게 생각했다. 민주화 이후에도 한국 사회에는 국가중심주의, 가족주의, 권위주의, 지연과 학연으로 이루어진 연고주의 등 개인주의를 억누르는 힘이 강력하다. 연고주의와 집단주의 논리에 절어 사는 사람들은 집단의 논리를 벗어나려는 개인을 '배은망덕한 놈', '독불장군', '모난 돌', '튀는 사람', '까칠한 성격', '이기주의자' 등으로 비난하며 따돌린다. 그래서 속으로는 개인주의자라도 겉으로는 집단주의자로 살아가도록 압력을 가한다. 개인의 자율성보다 집단의 연대성을 강조하는 한국 사회의 오래된 '문화적 문법'이 지속해서 작용하고 있다.[7] 유교 문화의 전통 속에서 식민지 시대를 거쳐 분단 시대로 이어지고 독재와 권위주의 시대를 통과하면서, 집단주의적 가치가 개인주의를 부정적으로 평가하는 군건한 풍토가 만들어졌기 때문이다.

그런 문화적 문법이 지배하는 사회에서는 삶의 물리적 조건이 혼자 생각하고, 혼자 판단하고, 혼자 살아가게 바뀌어도 여전히 가족과 연고집단, 소속집단에 기대어 살아가려는 기본적인 삶의 태도를 버리기 어렵다. 그래서 앞서 보았듯이 개인화가 압축적으로 강화되었는데도 개인주의가 자연스럽게 등장하지 못하고 있다. 개인주의가 부정적으로 인식되기 때문에 개인화된 개인들은 독립적이고 자율적으로 살려는 삶의 태도가 부족한 상태에 머물러 있다. 그래서 집단의 압력 앞에 자기 자신의 '뜻'을

---

7 '문화적 문법'은 자기도 모르게 내면화된 행위의 규칙으로 말할 때 문법을 생각하지 않듯이 행위할 때 의식하지 않은 상태에서 자연스럽게 따르는 일종의 행위 문법을 뜻한다. 이에 대해서는 정수복, 『한국인의 문화적 문법』(생각의 나무, 2007)을 참조할 것.

굽히고 기존의 삶의 태도와 방식을 마지못해 따라 살기 쉽다. 말하자면 개인이 홀로 떨어져 살게 되었지만, 적극적으로 개인주의적 삶의 태도를 취하지 못하고 있다. 개인화는 급속히 이루어지는데, 개인주의는 아직 뿌리 내리지 못하는 상태다. 특히 가족을 단위로 생존과 번영을 추구한 한국인들은 전통적 정상 가족이 더는 제 기능을 하지 못하는 상태임에도 가족주의적 삶의 태도를 버리지 못하고 있다. 가족이 약화되고 해체되어 탈가족화와 개인화가 증가하고 있지만, 가족주의를 벗어나 개인주의로 나아가지 못하는 것이다. 사회학자 장경섭은 이런 현상을 '개인주의 없는 개인화' 또는 '무개인주의 개인화無個人主義 個人化'라고 정의했다.[8] 개인주의 없는 개인화는 수많은 문제를 낳는다. 그 하나의 보기로 우리나라의 세계 최고 수준의 자살률은, 개인화는 계속되는데 건강한 개인주의가 부재하기 때문에 일어나는 현상으로 볼 수 있다.[9] 물리적으로 개인으로 분리되었지만, 정신적으로는 계속해서 가족주의에 기대어 살다가 가족이 지지 기능

---

8   장경섭,『내일의 종언: 가족자유주의와 사회재생산 위기』(집문당, 2018), 82, 121쪽.

9   강수택은 자살률 상승을 "시장주의가 강화되면서 경쟁탈락자와 사회적 관계의 단절을 겪는 사람들이 크게 증가한 때문"으로 본다. 강수택,『연대주의』(한길사, 2012), 441쪽.

을 더는 하지 못하게 됨에 따라 스스로 삶을 지속할 수 없게 된다. 이제야말로 개인주의를 동반하는 개인화가 절실하게 필요한 시기다. 각자 독립적이고 자율적인 개인으로 살아가면서 상호존중과 협력을 바탕으로 개인들 사이에 새로운 인간관계를 형성하는 능력을 키워야 한다. 그러려면 모든 인간관계를 집단주의에 근거한 수직적 인간관계에서 개인주의에 기초한 수평적 인간관계로 바꾸어야 한다.

한국에서 오래 산 프랑스인은 자신에게 한국 사람처럼 살라고 하면 "숨이 막힐" 것 같다고 토로한 바 있다.[10] 그가 볼 때 한국 사회에서 살아가는 데 숨이 막히는 가장 중요한 이유는 가족주의의 지속이다. 한국에서는 부모가 자녀를 경제적으로 지원하면서 자녀의 삶에 깊숙이 간섭하는데, 개인주의가 강한 프랑스의 젊은이들은 "인생을 어떻게 살 것인가"를 결정하는 권리는 어디까지나 본인에게 있으며, 그 권리를 "부모를 비롯한 제삼자에게 위탁하는 것은 인생에 대한 모독"이라고 생각한다.[11]

---

10 장 폴 마티스, 『이상한 나라 꼬레』(금박, 1982), 150쪽.
11 장 폴 마티스, 위의 책, 149~150쪽.

가족주의가 강한 한국 사회에서는 개인화의 강화에도 불구하고 개인주의는 여전히 약한 상태다. 1인 가구의 증가에도 불구하고 '원거리 가족주의'가 유지되고 있다. 개인화가 심화하는데도 가족주의를 대체할 대안적 가치로서 개인주의가 적극적으로 형성되지 않고 있다.[12] 개인화는 개인주의 등장의 조건이 될 수 있지만, 곧바로 개인주의로 전환되지 않는다. 공간적으로 홀로 떨어져 살더라도 가족이나 연고집단에 대한 애착과 소속감을 그대로 유지하기 때문이다. 개인화가 개인의 집단으로부터 물리적 분리라면, 개인주의는 집단으로부터 정신적 분리다. 개인주의는 물리적 분리 상태를 적극적으로 받아들이고 그러한 상황을 소속집단의 간섭에서 벗어나 자신의 주체적 삶을 사는 데 적극적으로 활용하는 정신적 태도에서 시작된다. 집단의 압력에서 벗어나 자율적이고 독립적인 삶을 살아가려는 태도를 긍정적으로 보고 적극적으로 지원하는 풍토를 만들어야 한다. 가족 지향적이고 가족 의존적인 개인화를 독립 지향과 자율 강화의 개인화로

---

12 가족주의와 개인화 현상을 연결해 분석한 다음 글을 볼 것. Song Min-Young, "From Demographic to Normative Individualization: A Comparative Study of Family Values in Korea and Japan," *Korean Journal of Sociology* 45(6), 2011: 153~174쪽.

만들어 '개인주의 없는 개인화'의 단계를 넘어 '개인주의를 동반하는 개인화' 단계로 나가야 한다. 미래의 한국 사회는 국가에서 가족에 이르는 여러 영역과 수준에서 '독립적이고 자율적 개인들independent and autonomous individuals'이 상호존중과 상호협력으로 자유로운 연합체를 이루는 방식으로 재구성되어야 한다.

개인주의자가 사는 법

개인주의자는 자아실현을 통해 사회에 기여하는 삶을 인생의 목표로 삼는다. 자아실현이란 자기다운 삶을 사는 것이다. 그건 누구도 침범할 수 없는 모든 인간의 신성한 권리다. 시대의 분위기와 유행에 따르는 삶이 아니라 자신의 성향, 가치, 능력, 취향을 발전시켜 남과 구별되는 자기를 만들어가는 삶이 개인주의자의 삶이다. 개인주의자는 자기 폐쇄적 인물이 아니다. 다른 사람과의 상호작용과 개방적 대화를 통해 서로를 풍요롭게 만든다.

민주주의는 개인의 자유를 보장한다. 무엇을 위한 자유인가? 자아실현을 위한 자유다. 무엇을 위한 자아실현인가? 세상에 한 번 태어나 결국에는 사라지는 개인의 삶에 의미를 부여하기 위해서다. 개인주의자는 자기 본위의 삶을 산다. 그것은 다른 사람과 구별되는 자기다움을 충분히 발휘하는 삶이다. 그 자기다움을 발견하고 발현하는 일은 자기 스스로를 존중하는 삶이다. 자기다움이 억압당할 때 인간은 불행해진다. 자기다운 삶을 살 때 인간은 행복하다. 자기다움을 죽이라고 강요하는 사회는 비인간적이고 불행을 강요하는 사회다. 자기다움을 막힘없이 추구하고 실현할 수 있는 사회야말로 가장 인간적인 사회다. 자기 자신을 개성 있는 고유한 존재로 생각하고, 그런 자기 존재에 대해 자긍심을 가져야 행복해진다. 자기 자신에 대한 존경심을 유지하는 일은 자기도취나 자만심이 아니라 자기다움에 대한 존중이다.

개인주의자는 합리적 판단 능력을 갖춘 사람이다. 개인주의자는 감각적 즐거움도 누리지만, 사유의 즐거움을 만끽한다. 개인주의자는 이성을 가진 인간이다. 지적 자원과 지적 능력의 개발이 없다면, 그만큼 자신의 개성을 발견할 가능성이 줄어든다. 그저 평범한 인간 존재, 남과 구별되지 않는 대체 가능한 인간이 된다. 먹고 자고 배설하고 성교하고 일하고 다투고 싸우며 살아가는 사람에서 크게 벗어나지 못하는 사람이 된다. 개인주의자는 지성을 갖춘 사람이다. 그러나 거기에 머무르면 자기중심주의에 빠지기 쉽다. 개인주의자는 지성과 더불어 도덕성과 미적 감수성을 추구한다. 타인의 고통에 연민의 감정을 느끼는 도덕적 감수성과 자연과 예술작품에 대한 민감한 미적 감수성을 개발한다. 개인주의자는 교양을 연마한다. 문학과 예술, 철학과 사상에 관한 관심을 키우고 세상만사에 대한 자기 나름의 견해와 안목을 발전시킨다. 개인주의자의 자유는 방종이 아니라 자기규율self-discipline이다. 제멋대로의 자유가 아니라 자아실현을 위한 자유다. 본능의 만족을 넘어 자기 안에 타고난 능력을 끝닿을 데까지 최대한으로 발전시키기 위한 자유다.

개인주의자는 내면의 평화를 유지하는 마음의 자정 능력을 지닌 사람이다. 소비사회의 물질주의적 가치관이 가져온 폐해는 상업적 웰빙이나 피상적 힐링으로 해결할 수 없다. 각자 자기 스스로 자기의 내면생활을 풍요롭게 일구지 않는 한, 언제나 경쟁에 시달리고 물질에 목마르고 남에 대한 질투와 시기심으로 불타기 쉽다. 개인주의자는 자기 내면에 그 무엇으로도 환원되지 않는 자유로운 영혼의 공간을 만든다. 내면에 자기만의 공간을 마련한 개인주의자는 물질주의적 가치, 황금만능주의에 쉽게 휘둘리지 않는 자기만의 평온한 삶을 산다.

개인주의의 아방가르드

집단주의 원리로 움직이는 한국 사회에서 개인주의자로 살아가기는 힘들다. 혈연, 지연, 학연, 직장과 국가와 민족을 개인 앞에 놓는 집단주의 사회에서 개인주의자로 살아가려면 여러 불이익과 손해, 편견과 비난에 익숙해져야 한다. 자기 나름대로 개성 있는 삶을 살려는 사람을 곧바로 이기주의자로 몰아붙이는 한국 사회에서 주체적 개인으로 살아가기는 정말 힘들다. 그럼에도 이곳저곳에서 개인주의자를 자처하는 사람들이 불쑥불쑥 나타나고 있다.

빈곤으로부터 해방, 민주화, 교육 수준의 향상, 옛 규범의 약화, 페미니즘의 강화 등에 힘입어 개인주의가 분출할 가능성은 점점 더 높아지고 있다. 1990년대 말부터 2000년대에 들어서

『똑같은 것은 싫다』, 『나는 길들여지지 않는다』, 『이제는 정말 나를 위해서만』, 『개인독립선언』, 『이 시대는 개인주의자를 요구한다』, 『개인주의자 선언』, 『나는 나로 살기로 했다』, 『나는 나다』라는 제목을 내건 책들이 줄지어 출간되었다. 책의 저자들을 '개인주의의 아방가르드'라고 부를 수 있다. 그 가운데 몇 사람의 생각을 책의 출간 순서에 따라 소개해보면 다음과 같다.

먼저 일본 대중문화에 정통한 문화평론가 김지룡은 2000년에 출간한 책에서 '개인독립만세'를 부르짖었다.[13] 그가 볼 때 우리 사회는 아직도 '개인'보다 '사회'가 더 중요하다고 여기고 사회를 이끌어갈 지도자들이 따로 있다고 생각한다.[14] 유교를 근간으로 하는 전근대적 봉건주의의 잔재가 남아 있고, 천박한 소비자본주의의 틀이 지배하는 한국 사회에서 살아가는 개인들에게 그는 "세상에 적응하지 말자!"고 외친다. 윗사람에게 복종하고 조직에 헌신하는 사람보다는 자기 이익을 챙기며 재미있게 살면서도 새로운 아이디어로 조직의 이익을 창출하는 개인주의자가 되자고 제안한다. 그는 "자기의 것이 아닌 외부의 힘을 자기 자

---

13 김지룡, 『개인독립만세』(살림, 2000).
14 김지룡, 위의 책, 8쪽.

신이라고 착각하는 사람들"을 혐오한다. 만나기만 하면 자신이 얼마나 학벌이 좋고, 지위가 높으며, 얼마나 많은 재산이 있는지 자랑하는 사람들이 싫다. 반면에 그가 만나고 싶은 사람은 "자신의 외부가 아니라 자신의 내면으로 나를 만나주는 사람들"이다. 그들은 사회적 지위나 명예, 권력, 학벌 같은 외부의 지표에 의존하지 않고 자기 안에서 진정으로 우러나오는 매력을 지닌 사람들이다. 지난 세기에 우리의 조상들이 '대한독립만세'를 외쳤다면, 21세기에는 '개인독립만세'를 외쳐야 한다는 게 그의 생각이다. 21세기가 되었음에도 삶의 방식은 여전히 20세기에 머물러 있는 우리 사회의 대안은 무엇보다 '진정한 개인주의'가 정착되어야 한다는 것이" 그의 결론이다.[15]

1980년대 초 '학림'이라고 불리던 '전국민주학생연합'의 중앙위원 겸 조직책이었으며 PD[People's Democracy]라고 불리던 운동 노선의 이론가이기도 했던 박성현은, 전체주의의 문제점을 뼈저리게 느끼게 되면서 2011년 뒤늦게 자신이 개인주의자임을

---

15 김지룡, 위의 책, 9쪽.

고백했다.[16] 그가 볼 때 전체주의자는 "사회가 인간을 구원할 수 있다"고 믿는 사람이다. 반면에 개인주의자는 "인간은 세상과 영원한 긴장 관계에 놓인 존재다"라고 믿는 사람이다. "전체주의자는 인간을 구원하는 사회를 만드는 일을 가장 가치 있는 일이라고 믿는다. 개인주의자는 훌륭한 자아, 훌륭한 개인이 되는 것을 가장 가치 있는 일이라고 믿는다."[17] 그가 볼 때 전체주의자는 시대가 바뀌면 사는 방식과 관계없이 하나의 이념에서 다른 이념으로 간편하게 옮겨갈 수 있다. 그러나 개인주의자는 '개인으로 사는 것' 자체를 포기하지 않는 한, 여전히 개인주의자로 살아갈 수밖에 없다. 박성현은 손쉬운 가짜 개인주의를 경계한다. 가짜 개인주의는 자신의 권리와 자유와 능력을 최대한으로 키워서 자기 방식대로 욕망을 충족하며 사는 것을 인생 최고의 목표라고 생각하는 신념이다. 가짜 개인주의자는 인생이 아파트, 통장, 옷, 자동차 등 물질로 환원될 수 있다고 착각한다.[18] 반면에 진짜 개인주의자의 삶의 목표는 "훌륭한 자아, 훌륭한 개인이 되는

16 박성현, 『개인이라 불리는 기적』(들녘, 2011), 5쪽.
17 박성현, 위의 책, 6쪽.
18 박성현, 위의 책, 20쪽.

것"이며 "진실에 대한 열망" 혹은 "진실을 추구하는 머리의 정직성"을 추구한다. 박성현에게 개인주의는 더 나은 사람이 되어 정신적으로 고귀한 삶을 살겠다는 '정신의 귀족주의'라고 할 수 있다.

1972년에 태어나 1990년대에 20대를 지낸 X세대에 속하는 작가 임경선은 "사람들이 더 자유로워지고 더 개인으로 설 수 있고 더 관대하게 사랑할 수 있으면 하는 바람을 지니고" 산다. 임경선은 모든 사람이 남과 다를 수밖에 없고 다를 수 있는 가장 자기다운 자기로 살아갈 수 있기를 바란다. 임경선이 볼 때 우리는 모두 '개별적 인격체를 가진 개인'으로 태어났다. 따라서 "각자 서로 다른 생각을 할 수 있다는 것은 너무나 자연스러운 일이다." 임경선에게 "가치관의 다양성이나 다채로움을 인정하는 것"이야말로 '자유'의 시작이다. 그에게는 '자유'라는 가치가 가장 소중하다. 누구나 자기 생각을 자유롭게 표현하고 자신의 잣대에 따라 자유롭게 살 권리가 있다. 자유로운 삶은 일상에서 '자유로울 수 있는 장소'를 보다 많이 확보한 것을 의미한다. 개인주의자인 임경선은 자기와 다른 생각을 가진 타인들을 너그럽게

대하면서 서로 다름 속에서 편안함을 느낀다.[19]

　　1969년생으로 판사로 일하는 문유석은 자신을 개인주의자로 선언했다. 그는 집단주의 성향이 강한 한국 사회에서 살아남기 위해 어느 순간까지 스스로 드러내지 않고 냉소주의적 태도로 연기하며 살아왔다. 내심 개인주의자였지만 집단주의자들의 기대와 요구에 맞추어 살아가는 일은 쉽지 않았다. 한국 사회에서 그런대로 살아가려면 "눈치와 체면과 모양새와 뒷담화와 공격적 열등감과 멸사봉공과 윗분 모시기와 위계질서와 관행과 관료주의와 패거리 정서와 조폭식 의리와 장유유서와 일사불란함과 지역주의와 상명하복과 강요된 겸손 제스처와 모난 돌 정 맞기와 다구리와 폭탄주와 용비어천가와 촌스러움과 기타 등등"을 견디어야 했다.[20] 문유석은 "우리 스스로를 더 불행하게 만드는 굴레가 전근대적인 집단주의 문화이고, 우리에게 부족한 것은 근대적 의미의 합리적 개인주의라고 생각한다."[21] 왜 우리 사

19　임경선, 『나라는 여자: 소녀가 어른이 되기까지 새로운 개인의 탄생』(마음산책, 2013) 140~142쪽.
20　문유석, 『개인주의자 선언: 판사 문유석의 일상유감』(문학동네, 2015), 9쪽.
21　문유석, 위의 책, 23쪽.

회는 근대화되고 세계화되고 정보화되고 선진국이 되어도 전근대적 집단주의 문화를 벗어나지 못하는가? 문유석은 그 까닭을 가정이든 학교든 직장이든 우리 사회의 모든 조직이 "기본적으로 군대를 모델로 조직되어" 있기 때문임을 깨달았다. 군대조직은 상명하복으로 움직인다. 군대조직에서는 개인의 의사, 감정, 취향은 쉽게 무시된다. 군대조직에서 '개인주의'라는 단어는 "집단의 화합과 전진을 저해하는 배신자의 가슴에 다는 주홍글씨"일 뿐이다.[22] 개인을 억압하는 집단주의 사회에서 문유석은 남에게 폐를 끼치지 않는 범위에서, "한 번 사는 인생, 하고 싶은 것 하며 최대한 자유롭고 행복하게" 살아가려고 한다. 자기 인생을 즐기며 살아가지만 가능하면 남에게도 잘해주면서 살아가다가 "아무것도 남기지 않은 채 조용히 가고 싶은 것"이 그의 최대의 야심이다.[23]

Z세대에 속하는 그래픽 디자이너 김수현은 '남들처럼 사는

---

22 문유석, 위의 책, 24~25쪽.
23 문유석, 위의 책, 17~18쪽.

118   이타적 개인주의자

단일 노선'을 버리고 '나답게 사는 단독 노선'을 추구한다.[24] "내가 좋아하는 것, 하고 싶은 것이 무엇인가?"라는 질문에 답할 수 있어야 자기다운 삶을 살 수 있다는 게 그의 생각이다. 김수현은 젊은 세대의 삶에서 우러나오는 진솔한 목소리로 자신이 원하는 삶을 발견하려면 '해야 할 일'에서 벗어나 '원하는 일'을 찾아야 한다고 말한다.[25] 그러면서 다수가 따르는 통념이 절대적 진리가 아니므로 밖으로부터 우리에게 주입된 통념을 버리고 스스로 세운 신념에 따라 살아가자고 말한다.[26] 김수현은 세상의 정답에 굴복하지 않고, 누구의 기대를 위해서 살지 않으며 오로지 자신의 기대에 부응하는 독자적 개인주의자로 살아간다.[27]

위에 소개한 개인주의 아방가르드들은 각자 고유한 색깔을 지니면서도 공통점을 보인다. 그건 우리 사회의 지배적 가치관과 집단이 행사하는 압력에 도전하는 반란적 성격이다. 또한 각자 직업과 성별과 나이가 다르지만, 자기 마음에서 우러나오는 자기다운 삶을 살아가려는 모습은 동일하다. 이들 개인주의 아

24 김수현, 『180도』(마음의 숲, 2015), 240~243쪽.
25 김수현, 『나는 나로 살기로 했다』(마음의 숲, 2016), 82~83쪽.
26 김수현, 위의 책, 84~87쪽.
27 김수현, 위의 책, 90~91, 98~100, 163쪽 참조.

방가르드들은 일단 각자 자기만의 길을 개척할 것이다. 그러나 자기가 분명하게 선 다음에는 '더 나은 사회better society'를 만들기 위해 연대의 필요성을 느낄지도 모른다. 그렇게 자기다움을 추구하면서도 다름을 존중하는 사람들이 공동으로 어떤 일을 도모하기 위해 모인다면, 그건 화이부동和而不同의 '무지개 연대rainbow coalition'가 될 것이다.

2020년대에 들어서면서 1990년대에 출생한 세대가 성인이 되어 사회에 진출하고 있다.[28] 그들은 태어나면서부터 디지털 문명 속에서 새로운 삶의 방식을 몸으로 익힌 세대다. 어느 인재교육 기관의 프로그램에 참여한 20대 초중반의 젊은이들이 제출한 다음 같은 인생의 좌우명은 이 세대의 개인주의적 지향성을 분명하게 드러낸다.

"나는 나다.": 김○○(24세, 장래 희망, 사회적 기업)

"지금 그리고 여기에 살자.": 안○○(26세, 장래 희망, 기술사업화

28 임홍택, 『90년대생이 온다』(웨일북, 2016).

전문가)

"행복하게 살자.": 이○○(25세, 장래 희망, 환경문제 전문가)

"나만의 색을 가지자.": 정○○(24세, 장래 희망, 국제교류 전문가)

"많이가 아니라 깊이 있게": 조○○(23세, 장래 희망, 동아시아 미술 전문가)

"Be Myself": 정○○(26세, 장래 희망, 외교전문가)

"Carpe Diem, 현재를 잡아라.": 변○○(23세, 장래 희망, PD)

이들은 자신이 원하는 삶을 살기 위해 끝까지 노력할 것이라는 강력한 의지와 불굴의 정신을 보여주기도 한다.

"A man can be destroyed but not be defeated": 허○○(24세, 장래 희망, 외교관)

"Keep Moving": 김○○(24세, 장래 희망, 동아시아 지역 전문가)

"바람 불 때 노를 젓자": 양○○(24세, 장래 희망, 엔지니어)

"不狂不及": 정○○(23세, 장래 희망, 헌법연구관)

– "Ad Astra Per Aspera, 역경을 넘어 별까지": 박○○(25세, 장래 희망, 정책 컨설턴트)

이들의 좌우명이 보여주듯이 오는 세대는 더욱더 개인주의적 지향성을 분명하게 표출할 것이다. 이제 개인주의의 진정한 의미를 공유하면서 각자 자기만의 삶을 살 수 있도록 사회 전반의 분위기를 북돋아야 할 때가 왔다. 그러기 위해서는 개인적인 노력도 필요하지만, 사회가 달라져야 한다. 이어지는 장에서는 그런 방향으로 변화가 일어나려면 꼭 필요한 구조적 조건을 논의한다.

개인주의 등장의 정치적 조건

　개인이 각자 자기답게 살아가려면 기본적 인권이 보장되어야 하고 민주주의가 제도화되어야 한다. 모든 것이 국가권력에 의해 통제되고 관리되는 사회에서 개인주의자는 존재할 여지가 없다. 독재자 한 사람의 생각으로 모든 사람을 줄 세우는 전체주의 사회는 개인주의를 허용하지 않는다. 일제 강점기와 한국전쟁 기간에는 국가권력에 의해 인권이 수시로 유린당했다. 1960년대 이후 남한 사회에서 본격적으로 이루어진 권위주의적 근대화 과정에서도 개인의 인권과 자유는 쉽사리 억압당했다. 1987년 이후 민주화가 시작되었다. 민주주의는 개인의 특성을 존중하는 개인주의가 등장할 수 있는 기본적 조건이다. 민주화가 되었어도 권위주의 시대의 습관이 몸에 익은 사람들은 집단주의적 가치를 옹호하면서 개인주의를 사갈시한다. 그들이 볼 때 개인주의자는 집단에 대한 충성과 헌신을 거부하고, 자기중심적으로 자기만의 이익을 추구하는 이기주의자일 뿐이다. 그러나 민주공화국에 태어나 민주주의의 공기를 마시고 자란 젊은 세대일수록 권위주의에 대한 체질적 거부감을 가지고 있다. 그들의 문화적 욕구와 감수성은 구세대의 권위주의를 더는 당연하게 받아들이지 않는다. 민주화는 법과 제도의 변화로 시작하지만, 사고방식과 생활양식의 변화로 이어진다.

2차대전 이후 패전국 독일은 오늘날 유럽연합의 중심국가가 되었다. 히틀러의 독재체제 패망 이후 법과 제도는 물론 시민들의 의식과 생활 속에 민주적 가치를 깊이 뿌리내리는 데 성공했기 때문이다. 독일은 나치즘을 청산하고 주체적이고 자립적인 개인을 강조하는 시민교육을 통해 독립적이고 자율적인 개인의 탄생을 북돋웠다. 민주화 이후 한국 민주주의가 당면한 과제는 민주적 법과 제도를 강화하면서, 경제적 불평등을 줄이고 사회복지와 공공 서비스의 영역을 넓히는 일이다. 그러기 위해서는 주체적, 자율적, 독립적, 성찰적이면서도 공공성, 사회성, 시민의식을 갖춘 개인이 탄생해야 한다. 민주주의는 개인주의의 거시적 조건이지만 개인주의는 다시 민주주의와 사회정의와 복지사회의 미시적 기초를 이룬다. 따라서 개인주의가 약하면 민주주의와 사회정의도 약할 수밖에 없다. 개인주의가 있어야 가족주의와 연고주의를 넘어서는 사회복지 제도가 가능하고 감상적 민족주의를 넘어서는 동아시아 연대가 가능할 뿐만 아니라, 국민국가를 넘어서는 세계시민의식이 가능하다.

개인주의의 물질적 기반

개인주의자가 탄생하기 위해서는 민주주의와 더불어 인간으로서 꼭 필요한 기본적인 의식주 생활이 보장되어야 한다. 최소한의 인간적 삶을 보장하는 사회복지 제도가 마련되지 않은 상황에서는 "믿을 것은 가족뿐이고 어려울 때 기댈 곳은 가족뿐"이라는 생각이 약화되지 않는다.[29] 그래서 개인은 태어나서 죽을 때까지 가족주의자로 살아간다. 나는 나이기 전에 가족의 일원이다. 누구의 아들이고, 딸이고, 누구의 아버지고, 누구의 남편이다. 우리 가족만 잘되면 그만이지 남의 가족이나 사회 전체 세계가 어떻게 돌아가느냐는 관심 밖에 두고 살아간다. 자기 이익

---

29 김동춘, 『한국인의 에너지: 가족주의』(피어나, 2020).

과 관련되지 않는 한 공적 문제에 대해 진정한 관심을 두지 않는다. 가족주의자는 세상의 모든 일을 가족주의적 관점으로 바라본다. 세상에서 일어나는 일이 우리 가족을 통해 나에게 어떤 영향을 미치느냐는 방식으로만 생각한다. 그저 우리 가족만 잘 먹고 잘살면 그만이고 그러기 위해서 돈을 많이 벌어야 하고 돈을 많이 벌기 위해서는 공부를 열심히 해서 좋은 대학에 들어가야 하고, 좋은 직장에 취직해야 한다. 그래야 능력 있고 좋은 배우자를 만날 수 있다. 그래야 안정되고 풍요로운 삶을 살 수 있다. 가족주의자는 당연히 자기 가족의 이익을 제일 먼저 생각하는 가족이기주의자로 살아갈 수밖에 없다. 그러나 가족이 허물어지고 가족관계도 약화되고 있다. 가난한 가족일수록 가족도 더는 기댈 언덕이 되어주지 못한다.

개인이 가족의 울타리를 넘어서 진정한 개인주의자로 살아가려면, 일단 경제적으로 가족에 의존하는 상태를 벗어나야 한다. 그런데 공교육보다 사교육이 중요해진 상황에서 아동과 청소년들의 사교육은 전적으로 가족의 지원으로 이루어지고 있다. 교육, 취업, 결혼 등 가족의 경제적 지원이 없으면 무엇 하나 제대로 할 수 있는 게 없다. 그래서 연애, 결혼, 출산을 포기한 '3포

세대'라는 말이 유행했다.

청년실업이 증가하면서 대학을 졸업해도 부모로부터 경제적으로 독립할 수 없다. 그러니까 가족주의의 틀을 벗어나지 못한다. 부모의 간섭과 지시에서 벗어나 자신의 사고와 판단에 따라 자신의 삶을 꾸려갈 수 없다. 프랑스의 청년들이 한국의 청년들에 비해 자기주장이 강한 이유는 그들이 성인이 되면서 부모로부터 경제적으로 독립해서 살아갈 수 있기 때문이다. 경제적 자립 가능성이 그들의 개인주의적 삶의 물질적 기반이 된다. 출신 계층에 따라 처지가 다르지만 프랑스 청년들은 학비가 없는 대학체제와 기본적 필요를 충족해주는 복지제도를 기반 삼아 누구라도 자신이 원하는 독립적이고 자율적인 삶을 살 수 있다.

그러므로 개인주의가 실현되려면 기본적인 사회복지 제도가 마련되어야 한다. 주거와 일자리가 보장되고 실업수당이 마련되어야 한다. 청년실업 문제가 해결되지 않는다면 독립한 청년들은 다시 부모의 가족으로 복귀하거나 먹고살기 위해, 생존을 위해 무슨 일이라도 해야 한다. 그런 생존 위기의 상황에서 개인이 판단의 주체가 되어 독립적이고 자율적인 삶을 살아가기는 어렵다. 세상에 태어나면서부터 죽을 때까지 기본적인 의식주 문제가 해결되고 교육받고 치료받을 수 있는 기본적인 복지가 해결된 사회가 마련되어야 개인은 누구 눈치 보지 않고 자신의 삶을 창조적으로 만들어갈 수 있다. 스웨덴을 비롯한 북유럽 국가에서 개인주의가 강한 이유는 그 나라들이 사회복지 제도라는 기본적 조건을 갖추었기 때문이다.

민주주의와 복지사회의 결합

한 번밖에 없는 인생, 각자 자기다운 삶을 살자는 개인주의가 하나의 '삶의 방식'으로 인정되려면, 앞서 말했듯이 기본 복지의 사회적 제공과 함께 민주주의가 보장되어야 한다. 소련과 동유럽의 현실 사회주의 국가는 불평등을 없애고 의식주 기본 생활을 보장하는 계급 없는 사회를 만들기 위해 노력했으나, 전체주의로 변질되어 개인의 삶을 극도로 억압했다. 사회주의는 새로운 사회를 위한 새로운 인간을 창조한다면서 창조적 개인을 용인하지 않았다. 체제에 복종하고 주어진 일만 열심히 하는 '개미인간'을 양산했다. 지금은 글로벌 사우스Global South라고 부르는 옛 제3세계에서 민족해방과 계급 없는 사회를 내세웠지만, 민주주의를 무시하는 세력이 권력을 장악했을 때 개인주의는 억압당할 수밖에 없었다. 공산주의 사회에는 자유로운 개인이 없을 뿐만 아니라 그런 개인들이 이루는 시민사회도 없다. 거기에는 개인과 사회는 없고 국가와 당, 조직과 집단만 있을 뿐이다. 개인은 집단에 압살되고 사회는 국가에 의해 억압된다. 개인이 없고 사회가 없는 사회주의 체제는 정체되고 동맥경화증에 걸릴 수밖에 없었다. 그래서 사회주의 사회의 건설이라는 20세기의 역사적 실험은 실패했다.

민주주의가 있어야 개인주의자가 살아갈 수 있지만, 역으로 개인주의가 있어야 건강한 민주주의가 작동한다. 개인주의는 지속 가능한 민주주의의 필수요소다. 민주주의의 기본제도인 선거는 개인이 기표소에 들어가 자기가 원하는 후보자를 선택하는 행위로 시작된다. 그 선택이 어떻게 이루어지는지가 중요하다. 합리적이고 이성적이며 소통과 토론이 가능하고 주체적 판단 능력을 갖춘 개인이 없다면, 선거제도는 다수의 비위를 맞추면서 인기를 끄는 선동가를 정당화해주는 기제가 되고 만다. 자유로운 개인들이 공론의 장을 형성하고 토론을 통해 사회적으로 중요한 사항을 결정할 수 있어야 진정한 민주주의다.

개인주의는 개개인을 자기만의 잠재적 특성을 지닌 고유한 존재라고 본다. 그런 개성을 최대한으로 발휘해 자신의 삶을 풍요롭게 만들고 타인과 공존하면서 사회 전체에 유용한 삶을 살자는 정신이 개인주의다. 개인주의가 자유롭게 실현되기 위해서는 기본 교육을 마치고 성인이 되면, 스스로 일하고 스스로 벌어 쓸 수 있도록 개인에게 일할 기회를 제공하는 사회경제 체제가 마련되어야 한다. 그렇지 못한 경우에는 최소한의 기본적 삶을 보장하는 다양한 형태의 사회복지 체계가 수립되어야 한다. 생존에 매달려 살기 위해 무슨 일이든지 해야 한다는 생각에 사로잡힌 상태에서는 자신의 고유한 삶을 발견하고 발명할 겨를이 없다. 민주주의와 복지사회가 결합되어야 개인주의가 꽃필 수 있다.

개인주의를 위한 조직문화

1960년대 이후 한국 조직문화의 원형은 군대조직이었다. 군대조직은 전쟁이라는 비상상황을 대비해 상명하복의 원리로 일사불란하게 움직이는 조직이다. 군대조직은 말할 것도 없고 지난 반세기 이상 계속된 압축 근대화 과정에서 가족, 학교, 기업은 물론 시민단체나 종교단체도 정도의 차이는 있지만 모두 상명하복의 권위주의 방식으로 움직였다. 그런 사회에서 개인주의를 주장하기는 어려웠다. 아니, 거의 불가능에 가까웠다. 그저 주어진 자리에서 위의 명령을 따르고 아래 사람들에게 지시하면서 자기에게 주어진 임무를 수행하면 그만이었다.

그렇게 살다 보면 자기 자신을 생각할 여지가 없어지고 조직에서 주어진 임무 수행이 자신의 삶이 되어버린다. 노동 시간이 길어서 여가 시간이 거의 없었으며 그 시간도 육체적 휴식과 단순한 기분전환에 바쳐졌기 때문에, 자기 자신을 주체로 형성할 시간이 되지 못했다.

개인을 서열에 따라 줄 세우고 윗사람이 아랫사람에게 일방적으로 명령하는 조직문화는 재구성되어야 한다. 그런 수직형 조직에서는 개인주의가 살아날 수 없다. 개성을 존중하고 자기주장이 허용되는 수평형 인간관계가 수직적 인간관계 유형을 대신하는 보편적인 인간관계 양식으로 자리 잡아야 개인주의가 살아날 수 있다. 빈곤과 억압의 시대에 가난하고 교육받지 못한 사람들은 부당한 명령을 참고 일하며 겨우 생존하는 삶을 살았다. 그러나 민주와 풍요의 시대에 생존을 위해 부당한 억압을 받아들이는 사람은 줄어들고 있다. 젊은 세대일수록 더욱더 그렇다.

젊은이들은 과거처럼 한 직장에 오래 머무르지 않는다. 마음에 들지 않으면 다른 일터를 구해 떠난다.[30] 그들은 권위주의적 조직에 순응하지 않는다. 아니 적응하지 않는다. 정치의 영역이나 직업 생활에서만이 아니라 일상생활의 수준에서도 일방적 권

---

30   전규석, 『부장님 저 먼저 은퇴하겠습니다』(담아, 2020).

위주의는 무너지고 있다. 구성원을 수직으로 줄 세우는 피라미드식 서열체계에서 횡적으로 퍼지는 네트워크형 수평체계로의 변화가 진행되고 있다.

누구라도 살기 위해서는 직업을 가져야 한다. 자영업이나 프리랜서, 자유전문직을 제외하면 대부분 직업 생활은 조직에 소속되어 일하는 것이다. 조직 생활에서 윗사람은 명령하고 아랫사람은 시키는 일을 하는 것이 일반적이다. 조직 생활에서는 개인주의가 통하지 않는다. 조직의 윗사람은 아랫사람에게 일을 시키면서 타협이나 설득의 필요성을 거의 느끼지 않는다. 윗사람이 하라면 하는 것이 조직문화다. 조직에 속해서 일하는 사람은 보수를 받는 대신 일하는 시간만은 조직에 헌신할 것을 요구받는다. 직장 생활은 계약관계로 이루어진다. 직장이 요구하는 어떤 일을 수행한 대가로 월급을 받는 계약관계다.

그러나 노동 시간이 단축되고 여가 시간이 늘어나고 있다. 직장에서 근무하는 시간에는 조직의 원리에 따를지라도 직장 일이 끝난 다음에는 카멜레온처럼 옷을 바꿔 입고 자기만의 시간을 즐길 수 있다. 보험회사 직원이었던 카프카나 무역회사 사원이었던 페소아 같은 사람은 낮에는 직장에서 일하고 저녁과 밤에는 작가와 시인으로서 삶을 살면서 주옥같은 작품을 남겼다. 개인주의자로서 조직 생활을 하더라도 뜻만 있으면, 자기만의 삶을 살면서 자기만의 인생을 살 수 있다.

그렇게 직장 생활과 개인 생활을 병행하면서 상호 조화시킬 수 있으면 좋지만, 그렇지 못할 경우 직장을 나와 독립적으로 살아갈 길을 모색해야 한다. 혼자 모든 일을 다 맡아 하는 '1인 기업'의 대표가 되어야 한다. 그러려면 자기만의 특성을 살리고 독자적 능력을 키워야 한다.

정보 사회가 되면서 한자리에 모여 일하는 직장 대신 재택근무가 늘어나고, 어느 조직에 소속되지 않고 프리랜서로 일하는 사람들이 늘어나고 있다. 정보 사회는 독립적이고 창조적인 개인이 자유롭게 살아갈 수 있는 더 많은 기회를 제공한다. 조직의 속박에서 벗어나 자유롭게 자기가 하고 싶은 일을 하면서 살아가는 사람들이 점점 늘어나고 있다.

예술가나 작가, 전문직 종사자만 개인주의자로 살아갈 수 있는 것은 아니다. 개인주의자라면 비교적 다른 사람들의 명령이나 간섭을 덜 받는 직업을 스스로 창조해야 한다. 조직의 규율에서 벗어나 독립적으로 일하는 프리랜서가 되어야 한다. 남이 시키는 일이 아니라 새로운 아이디어로 살아가는 창조적 개인은 안정과 인정보다는 모험과 실험의 길로 들어선 사람이다. 그런 개인주의자들이 서로 만나 협력하고 연대할 때, 각 분야에서 새로운 혁신과 창조가 연속적으로 일어날 것이다.[31] 시대는 그런 개인주의자들을 부르고 있다.

---

31 피터 홀의 분석에 따르면 아테네, 플로렌스, 런던, 빈, 파리, 디트로이트, 실리콘밸리 등이 문화·예술·학술의 창조적 거점이 되었던 이유는 기존의 권위에 저항하는 젊은 반항아들이 상호학습하고 경쟁하면서 과거의 유산을 창조적으로 파괴하고 새로운 패러다임을 수립했기 때문이다. Peter Hall, *Cities in Civilization: Culture, Innovation, and Urban Order*(London: Weidenfeld & Nicolson, 1998).

개인주의를 위한 자기만의 방

　개인주의는 집단에서 떨어져 나온 개인의 사생활privacy이 가능해지면서 등장했다. 다른 사람의 시선에서 벗어나 홀로 있을 수 있는 공간이 있어야 자기 안으로 여행할 수 있고, 내밀하고 은밀한 개별적 감정도 발생할 수 있다. 자기만의 감정, 자기만의 생각을 발전시키기 위해서는 다른 사람의 방해를 받지 않고 혼자 있을 수 있는 자기만의 방이 필요하다.

　개인주의의 역사는 주거 변동의 역사를 동반했다. 풍경의 역사를 쓴 영국의 역사학자 윌리엄 호스킨스William Hoskins의 연구에 따르면, 사생활에 대한 욕구가 증가하면서 집 안에 더 많은 방이 필요해졌다. 그런 욕구는 귀족층에서 시작해서 상인, 부농, 일반 농민층으로 퍼져갔다. 그에 따라 단층집에 2층을 올리고 계단을 설치하는 작업이 이루어졌다. 16세기 마지막 몇십 년과 17세기 초에 일어난 변화였다. 헛간 같은 큰 방 하나를 구획해 작고 따뜻한 대여섯 개의 방을 만들었다. 벽난로를 설치하고 유리창을 끼운 창문도 만들었다.[32] 그렇게 해서 혼자 있을 수 있는 방들이 생겼다.

버지니아 울프Virginia Woolf는 여성이 작가가 되려면 생활을 보장할 수 있는 일정한 재산과 방해받지 않고 글을 쓸 수 있는 자기만의 방이 필요하다고 말했다. 문을 걸어 잠그고 누구의 방해도 받지 않고 자신의 생각에 몰두할 수 있을 때, 인습을 타파하고 인습에서 벗어나 자기만의 생각을 만들 수 있다. 작가만이 아니라 누구라도 '당연의 세계'에서 벗어나 자기만의 삶을 살아가려면 자기만의 공간을 확보해야 한다. '자기만의 방'은 외부의 통제에서 벗어나 자유롭게 사고할 수 있는 사생활의 공간이다. 자기만의 공간은 독립성과 자율성이 숨 쉬고 자라는 공간이다. 그것은 남의 눈에 띄지 않고 자기가 원하는 방식으로 독서하고, 게

---

32 William Hoskins, *The Making of the English Landscape*(London: Penguin Books, 1985)(1955), 159쪽. 이영석, 「윌리엄 호스킨스, 풍경의 역사」, 『나를 사로잡은 역사가들』(푸른역사, 2006), 43쪽에서 재인용.

으름 피우고, 자문자답하고, 기도하고, 명상하고, 무언가를 쓸 수도 있고 그릴 수도 있으며 노래할 수도 있는 자유를 의미한다. 자기만의 방을 통해 누구도 침범할 수 없는 자기만의 내면적 공간이 만들어진다. 자기 자신을 대면하는 성찰적 자아가 만들어진다. 성찰적 자아를 통해 자기만의 생각, 자기만의 삶이 가능해진다. 그래서 함석헌은 이렇게 물었다.

그대는 골방을 가졌는가?
이 세상의 소리가 들리지 않는
이 세상의 냄새가 들어오지 않는
은밀한 골방을 그대는 가졌는가?

한국의 경우에도 주거 생활의 변동과 개인주의의 등장 사이에는 밀접한 관계가 있다. 프랑스 지리학자의 눈에 비친 대한민국은 아파트 공화국이다.[33] 2000년대에 들어서 아파트가 일반적인 주거 형태가 되고 자녀 수가 줄어들면서 어린 시절부터 각

---

33 발레리 줄레조, 길혜연 옮김, 『아파트 공화국』(후마니타스, 2007), 24쪽.

자 자기 방을 갖게 되면서 개인이 탄생하기 시작했다. 공간 문제를 연구한 사회학자 전상인은 셋방살이에서 아파트 생활로 옮겨가는 과정을 실감 나게 표현했다. 한국전쟁 이후 1970년대에 이르기까지 갑작스러운 인구 집중으로 포화 상태가 된 서울의 주거 상황은 셋방살이로 일반화되었다. 여러 명의 식구가 어느 집의 방 한 칸을 빌려 함께 먹고 쉬고 자면서 살았다. 화장실이나 수돗물도 주인집과 공동으로 사용했다. 고단했던 시절 농촌에서 상경한 사람들이 경험했던 셋방살이의 비애는 이제 옛날 드라마 속에나 남아 있다. 달동네가 사라지고 그 위에 세워진 아파트에는 거실과 구별된 몇 개의 방이 생겼다. 전상인은 "아무리 손바닥만 한 평수라도" 아파트는 한국 사회에서 진정한 '개인의 탄생'에 크게 기여했다고 평가한다.[34] 지금은 직장과 학업, 취업 준비, 비혼 등 여러 이유로 집을 떠나 원룸에서 생활하는 젊은이들이 늘어나고 있다. 자기만의 삶을 원할수록 자기만의 방에 대한 수요가 커지면서 좀 더 분명한 자기주장을 가진 개인주의자가 탄생할 것이다.

---

34 전상인, 『공간으로 세상 읽기: 집, 터, 길의 인문사회학』(세창출판사, 2017), 119~120쪽.

3부

개인주의자는 어떻게 탄생하는가?

천상천하유아독존天上天下唯我獨尊 **– 석가모니**

나는 지금껏 내가 만난 어떤 사람과도 다르다. 심지어 감히 말하건 대, 온 세상 어느 누구와도 다르다. 더 나은 것은 없을지도 모르지 만 적어도 나는 다르다. **– 루소**

우리 인생에는 각자가 진짜로 원하는 무언가가 있다. 분명히 나만 의 길이 있다. **– 박노해**

배운 것을 지우고 네 생각으로 가슴을 채워라. **– 이어령**

고독은 자아를 밝혀주는 조명이다. **– 박이문**

때로 어둠이 필요하고 고독 속에 달콤하게 갇힐 필요가 있다.

– 데이비드 화이트

나는 유감스럽게도 쉽고 편안하게 사는 법을 알지 못했다. 그러나 한 가지만은 내 마음대로 할 수 있었는데 그건 아름답게 사는 것 이다. **– 헤르만 헤세**

존엄한 개인의 탄생

인간은 자유롭게 태어나지만 보이지 않는 줄에 얽매여 관습적으로 살아간다. 자유롭게 살려면 우선 압제와 빈곤에서 해방되어야 한다. 그러나 압제와 빈곤에서 해방되었어도 스스로 하고 싶은 일을 찾지 못하면 관습적인 삶을 지속하게 된다.[1] '무엇으로부터의 자유freedom from'는 '무엇을 위한 자유freedom for'로 나아가야 한다. 삶이란 어딘가를 향해 뚜벅뚜벅 걸어가는 긴 여행길인데, 목적지가 없을 때 인간은 방황하게 된다. 그 방황을 끝

---

1   르네상스 시기 이탈리아에서는 도시의 자유로운 분위기 속에서 부(富)와 교양(教養)이 결합해 개인적인 사고방식이 꽃피어나는데 유리하게 작용했다. 부가 개인주의의 물질적 기초라면 교양은 개인주의의 정신적 기초다. 야콥 부르크하르트, 안인희 옮김, 『이탈리아 르네상스의 문화』(푸른숲, 1999), 179쪽. 졸부에게는 교양이 없다.

내는 가장 손쉬운 방법은 대개 다른 사람들이 걷는 큰길을 따라 걷는 것이다.

인간의 삶은 본질적으로 뭔가에 바쳐져야 한다. 그것은 신도 아니고 동물도 아닌 인간의 실존에 새겨진 피할 수 없는 조건이다. 삶이란 지금 여기에서 생존하는 일이지만, 가치 있는 그 무엇에 대한 헌신이고 투신이기도 하다. 오직 생존을 위한 삶에 몰두하다 보면 삶은 무의미하고 지루해진다. 대다수 사람이 생존을 위한 일상의 회로를 맴돌지만, 그와 달리 자신의 삶을 '작품'으로 만들기 위해 창조적인 삶을 사는 소수의 사람이 있다. 그들은 자신을 발견하고 발명하고 창조한다. 나는 그런 사람들을 '창조적 개인주의자'라고 부른다. 그들은 오직 한 번밖에 없는 자신의 삶을 하나의 고유한 작품으로 만들려는 '삶의 예술가'들이다. 물론 그런 삶을 살기는 쉽지 않다. 곳곳에 창조적 삶을 방해하고 좌절시키는 장애물이 즐비하기 때문이다. 고유한 특성을 지닌 개인을 어느 집단의 구성원으로 환원시키는 집단주의 정신이야말로 개인주의자의 탄생을 저지하는 강력한 장애물이다.

우리는 세상에 태어나 살아가면서 여러 집단의 구성원이 된다. 우리는 누구누구의 자식이고, 어느 나라의 국민이며, 어느 지역, 어느 학교 출신이며, 누구의 배우자이며, 어느 직장에 다닌다. 그러나 그 모든 것으로 환원되지 않는 나만의 특성이 존재한다. 우리 각자는 다른 사람과 목소리가 다르고 얼굴이 다르듯이 서로 다르게 태어난다. 우리들 각자는 교환 불가능한 고유한 인간이다. 개인주의자는 세상에서 부여받은 여러 집단의 구성원됨을 부인하지 않지만, 자기 속에 들어 있는 자기만의 특성을 발견하고 발전시키는 사람이다. 주어진 상황에 매몰되지 않고 자기만의 고유한 길을 찾아 나서는 사람이다. 그러니까 개인주의자는 두 번 탄생한다. 어머니의 배 속에 있다가 세상에 태어나는 것이 첫 번째 탄생이라면, 스스로 고유한 나를 발명하는 것이 두 번째 탄생이다.

그런 개인은 어떻게 탄생하는가? 그런 개인이 될 수 있는 힘은 어디에서 나오는가? 개인주의자의 탄생 과정은 사람의 수만큼 다양하다. 각자 다른 길을 통해 개인주의자가 된다. 그럼에도 거기에는 어떤 공통 요소가 있다. 개인주의자가 탄생하기 위해서는 스스로 존엄한 존재라는 각성이 필요하다. 천상천하유아독존天上天下唯我獨尊, 세상천지에 나 같은 사람은 오로지 나 한 사람만 존재한다. 그러므로 나는 고귀한 존재라는 인식을 해야 한다. 자중자애自重自愛, 스스로를 귀중하게 여기고 스스로를 사랑해야 한다. 그런 각성은 어디에서 오는가? 그것은 자신이 지금여기 살아가는 눈앞의 세계를 넘어서 더 크고 더 높은 세계와 이어져 있다는 인식에서 온다. 돈과 권력, 소비와 쾌락을 추구하는현실과 세속의 논리를 벗어나서 초월적 세계의 관점에서 바라보면 이 세상에서 아등바등하는 삶은 '궁극적 의미ultimate meaning'를 갖지 못한다. 그때 삶의 진정한 의미는 무엇인가 하는 질문이생긴다. 자연, 종교, 학문, 예술이 그런 질문에 대한 답을 찾는 과정에서 산파의 역할을 한다. 무리에서 떨어져 나와 홀로 밤하늘의 은하수를 바라보거나, 낙엽 지는 가을날 숲속을 거닐면서, 바다 위의 수평선이나 넓은 들판의 지평선을 바라보면서, 우리는겸손하게 나의 삶이 갖는 의미를 묻게 된다. 세상의 모든 종교는우리가 세상에 존재하는 의미를 말해준다. 인간은 종교를 통해자신의 삶에 주어진 의미를 깨닫는다. 각자 자신의 수련과 기도,수행과 고행을 통해 깨달음의 세계에 도달한다. 세속을 벗어나피안에 있는 초월적 존재와 교류함으로써 모든 개인은 인격의존엄성을 확인한다. 철학은 존재론과 인식론과 윤리학으로 분리되기 이전에 인간이 삶을 살아가는 데 필요한 지혜를 구하는 일이었다. 문학은 언어를 통해 삶의 구체적 경험세계가 갖는 의미를 묻는 행위이고, 음악과 미술을 포함하는 모든 예술은 인간의 삶을 비언어적 방식으로 표현하는 창조행위다.[2] 자연과 교감, 종교적 체험, 철학적 성찰, 문학·예술과 만남은 인간의 내면을 풍요롭게 만든다. 개인은 그런 과정에서 내면 세계를 형성하고 개인주의자로 탄생한다.

---

2   정수복, 「어느 사회학자의 예술론」, 『응답하는 사회학』(문학과지성사, 2015), 93
     ~145쪽 참조.

개인주의와 실존적 선택

　자유란 선택과 창조의 가능성이다. 그것은 자기만의 삶을 발명하는 권리이고 책임이다. 개인 주체는 스스로를 더 나은 인간으로 만들려는 인격적 개체다. 주체의 형성은 인격의 형성이다. 인격 없는 개인주의는 야만적 이기주의로 변질된다. 개인은 인격을 바탕으로 실존적 결단을 내리고 그에 대해 책임진다.[3] 인간은 최종적으로는 언제나 홀로 서서 결단을 내릴 수밖에 없다. 개인의 결단은 주체적 결정이다. 인생의 고비에서 주체적으로 결정을 내리기는 언제나 힘들고 불안하다. 그러나 한 인간의 인격과 자질은 바로 그의 실존적 결단을 통해서 형성되고 드러난다.

3　박이문, 『자비의 윤리학』(철학과현실사, 1990), 271~272쪽.

인간으로서 자의식이 있는 반성적 삶을 산다는 것은 곧 스스로 결정을 내리며 살아감을 뜻한다.

노동 현장과 스페인 내전에서 자신의 삶을 불태운 '불꽃의 여자' 시몬 베유Simonne Weil(1909~1943)는 자기 삶의 주인이었다. 그녀는 자유롭게 살도록 태어난 인간은 사유하는 존재이기 때문에 무슨 일이 일어나도 노예 상태를 받아들일 수 없다고 생각했다.[4] 그래서 이렇게 자신의 생각을 요약했다.

진정한 자유는 욕망과 충족의 관계로 정의되지 않는다. 그것은 사유와 행위의 관계로 정의된다. 한 사람의 행위가 자기가 설정한 목표와 그 목표를 실행하기에 필요한 일련의 방법들에 대한 자신의 판단에 따라 진행된다면 그 사람은 자유인이다. 그 행위 자체가 편안하냐 고통스러우냐는 문제가 되지 않으며 그 행위의 성공 여부도 중요하지 않다. 고통과 실패는 자유인을 불행하게 만들 수도 있다. 그러나 스스로가 자신의 행위를 관장하는 한 그는 결코 모욕을 당하지 않는다.[5]

4   Simone Weil, *Oppression et Liberté*(Paris: Gallimard, 1955), 113쪽.
5   Simone Weil, 위의 글, 115~116쪽.

제멋대로 하는 자의적 행위는 자유로운 행위가 아니다. 왜냐면 그것은 행위자의 사유에 의한 판단에서 나온 것이 아니기 때문이다. 자신의 사유에 따라 행위하는 것이 진정한 자유다. 그 자유는 때로 불행으로 이어질 수 있다. 그럼에도 불구하고 사유의 주체로 살려는 인간은 자유를 선택하지 않을 수 없다. 인간의 자유는 사유의 산물이다. 인간의 품위는 주어진 상황 속에서 스스로 사유하고 판단하고 행위하고 그 결과를 책임지는 데서 나온다.

개인주의자는 자기에게 주어진 상황을 운명으로 받아들이지 않는다. 주어진 상황을 해석하고 그 상황 속에서 주체적으로 사유하면서 자신이 원하는 삶을 만들어간다. 스페인의 철학자 오르테가 이 가세트Ortega Y Gasset(1883~1955)의 말대로 개인주의자는 자신의 '삶의 궤도'를 스스로 선택한다. 인간은 목표물에 도달할 때까지 궤적이 미리 결정된 포탄처럼 "실존 속에 발사된 존재"가 아니다. 인간은 스스로 날아가야 할 궤도를 선택하는 존재다. 산다는 것은 스스로 선택한 궤도를 자기가 정한 속도로 날아

가는 일이다.[6]

인간의 삶은 부모와 선조들을 통해 과거에 뿌리내리고 있다. 그러나 인간의 삶은 미래를 향해 열린 길이다. 인간에게는 뿌리와 더불어 날개가 있다. 미래를 향해 열려 있는 삶의 목표가 없으면, 인생은 맥이 빠지고 지루해진다. 개인주의자는 미래를 위해 현재 상황에서 자기만의 실존적 선택을 감행하며 현재의 삶을 살아간다. 지금 여기에서 진행되는 삶은 과거에 뿌리내리고 있지만, 그와 동시에 미래를 향해 날갯짓한다. 개인주의자는 관습과 상식을 벗어나 미래를 향해 열린 자기만의 삶을 사는 사람이다. 있는 그대로의 삶, 주어진 관성의 삶이 아니라 실존적 선택을 통해 자기만의 삶을 만들어가는 사람이 진정한 개인주의자다.

---

6   오르테가 이 가세트, 황보영조 옮김, 『대중의 반역』(역사비평사, 2005), 66쪽.

사회화와 주체화

"여성은 여성으로 태어나는 것이 아니라 여성으로 만들어진다"라는 시몬 드 보부아르의 주장은 여성에게만 해당하지 않는다. 남성도 남성으로 만들어지고, 한국인도 한국인으로 만들어진다. 모든 인간은 한 사회에 태어나 그 사회의 구성원이라면 누구나 공유하는 삶의 규칙을 배워 사회 속에서 남과 더불어 살아간다. 세상에 태어난 아이는 가정과 학교를 통해 말과 글을 배우고 남들과 어울려 사는 법을 배운다. 그런 배움의 과정을 사회학자들은 '사회화 socialization'라고 부른다. 사회화 과정을 통해 우리각자는 인생에서 중요한 가치는 무엇이며, 꼭 해야 할 일은 무엇이며, 하지 말아야 할 일은 무엇인가? 정의란 무엇이며, 시민의권리와 의무는 무엇인지를 배운다. 부모님과 선생님, 선배와 후배, 남자 친구와 여자 친구를 어떻게 대해야 하는지 같은 역할관계의 방식만이 아니라 말하는 법, 식사 예절, 옷 입는 법, 여가를 즐기는 법도 배운다. 누구라도 세상에 태어나면 부모와 형제, 선생님과 친구와 선후배 등을 통해 세상을 살아가는 데 필요한 가치, 관습, 관행, 상식을 배운다. 그것들은 거의 공기나 햇빛과도 같이 자연스럽게 우리 안에 스며들어 우리의 의식과 행위에 방향을 제공한다. 그런 점에서 볼 때 사람은 자기가 살고 싶은 대로 사는 것이 아니라 많은 부분 가정, 학교, 사회에 의해 만들어진 '문화적 문법'에 따라 살아간다.[7]

그러나 인간의 삶은 그렇게 간단하지 않다. 사회화는 이야기의 반쪽에 불과하다. 모든 인간은 사회화를 통해 사회 속에서 살아가는 데 필요한 규칙과 관습을 배우지만, 어느 순간부터 각자 '자기다움'을 만들어간다. 그렇게 자기 자신의 특성을 스스로 만들어가는 과정을 '주체화 subjectification'라고 부를 수 있다. 청소년기에 이르면 주체화 과정이 활발해지고 성인기에 이르면 어느 정도 안정된다. 사회 속에서 남과 어울려 사는 능력을 획득하는

---

7   '문화적 문법'은 한 사람의 의식과 행위에 영향을 미치는 무의식적 지향성을 말한다. 이에 대해서는 정수복, 『한국인의 문화적 문법』(생각의나무, 2007)을 볼 것.

과정이 사회화라면, 사회가 요구하는 역할 수행으로 환원되지 않고 남과 구별되는 자기만의 특성을 만드는 과정이 주체화다. 사회화가 사회의 규범에 순응하는 구성원으로 '적응'하는 과정이라면, 주체화는 자기 나름의 자아를 발명하는 '창조'의 과정이다. 사회화가 벽돌 찍어내듯 획일적으로 이루어지는 것이 아니듯, 주체화도 흰 종이 위에 마음대로 그림을 그리듯 이루어지는 않는다. 각자 세상에 태어날 때 주어진 사회적 조건 아래에서 사회화와 주체화가 진행된다. 어떤 시대, 어떤 나라, 어떤 지방, 어떤 가정에서 어떤 성별의 몇 번째 아이로 태어났고, 어떤 학교에서 어떤 교육을 받고 어떤 직업을 갖느냐는 등 우리들 각자는 서로 다른 조건에서 태어나 성장한다. 인간은 그런 조건에 영향을 받지만, 주체화 과정을 통해 그런 조건을 넘어서기도 한다. 주체화는 주어진 조건에 따라 결정되지 않고 자기 나름의 가치관과 사고방식, 감정구조와 행위양식을 만드는 과정이다.

우리는 모두 사회화 과정과 주체화 과정을 결합해 각자 고유한 개인으로 탄생한다. 세상 사람들이 각기 다른 특성을 지니고 다른 모습으로 살아가는 것은 서로 다른 사회화 과정과 주체화 과정을 거쳤기 때문이다. 사회의 변화가 거의 없는 전통 사회일수록 사회화 과정의 힘이 세고 사회변동이 심하고 민주화된 사회일수록 주체화 과정의 비중이 커진다. 사회화 과정을 통해 개인은 사회가 요구하는 일정 부분을 수용하지만, 주체화 과정을 겪으면서 기존 관습의 어떤 부분에 대해서는 의문을 제기한다. 주체화는 우리가 세상에 태어나면서 끊임없이 들어온 "이렇게 살아야 한다"는 외부의 명령과 지시, 권고와 회유를 주체적으로 성찰하면서 자기 나름의 고유한 삶의 방식을 만들어가는 과정이다.

우리는 그렇게 누구나 사회 속에서 남과 어울려 살아가는 데 필요한 문법과 규칙을 배우면서 그와 동시에 '나다운 나'를 만들어간다. '사회화' 과정에 의해 만들어진 내가 나의 대부분을 차지할 때, 서로 비슷한 '특성 없는 인간'이 되고 '주체화' 과정으로 만들어진 특성이 너무 강할 때 '유별난 인간'이 된다. 지난 19세기 말에서 20세기까지 대부분의 한국인은 특성 없는 인간들이었다. 자신의 특성을 형성하지 못하고 집단의 요구에 순응하면서 가족, 직장, 국가 등 집단의 목표에 헌신하는 '집단주의자'로 살아왔다. 그러나 21세기에 들어서 자신의 취향과 특성을 만들고 그에 따라 자유롭게 살려고 하는 '개인주의자'가 점점 많아지고 있다.

개인주의자는 자신의 형성 과정을 비판적으로 분석한다. 그것은 "나는 어떤 사회화와 주체화 과정을 거쳐 지금의 나가 되었는가"에 대한 자기성찰의 과정이다. 어린 시절부터 알게 모르게 나의 삶에 영향을 미치고 나아갈 방향을 정해준 가족과 사회와 학교와 국가, 부모와 교사, 대기업과 정치 집단의 은밀하고 내밀한 통제와 조종을 의식의 수준으로 떠올려 분석할 능력이 없다면 참다운 개인 주체가 될 수 없다. 나에게 작용하는 내가 선택하지 않은 외부의 명령과 지시 사항을 선명한 의식의 지평 위로 불러내어 당연히 따라야 할 것으로 생각했던 준칙의 존재 이유를 스스로 판단해야 한다. 그런 다음 그것들이 정당하면 받아들이고 부당하다면 스스로 준칙을 만들고 그에 따라 살 수 있을 때 삶의 주체로서 개인주의자가 탄생한다.

연령주의와 집단주의를 넘어서

오늘날 한국의 보통 가정에서 태어나는 아이들은 일찍부터 학습에 시달린다. 좀 산다는 집안의 아이들일수록 더 그렇다. 말을 하면서부터 한글과 숫자를 읽힌다. 구구단과 영어 단어를 외우는 일로 아동기가 시작된다. 부모님과 선생님들은 늘 "공부를 열심히 해야 훌륭한 사람이 된다"고 말한다. 그래서 아이들은 커가면서 행복은 시험 점수에 달려 있다고 생각하게 된다. 공부를 잘하는 '범생이'일수록 중고등학교 시절은 입시 준비로 꽉 차고, 대학에 진학하면 스펙 관리와 취직 준비에 여념이 없다. 대학을 졸업하고 취직하고 나면 결혼이라는 과제가 눈앞에 있다. 정규직 사원으로 회사에 다니고 결혼해서 가정을 이루면 '범생이'는 '특성 없는 아저씨', '개성 없는 아줌마'로 변해간다. 내가 원하는 것이 무엇인지를 생각해보기 전에 최신 유행이 무엇인지를 알아보고, 나의 취향을 만들기 전에 인기 상품을 구입하고, 내가 관심 있는 정보를 찾아보는 대신 조회 수가 높은 뉴스에 접속하고, 내가 읽고 싶은 책을 찾아 읽기보다는 베스트셀러를 사서 읽는다. 존경받을 만한 일은 하지 않지만, 상식을 벗어나는 일도 하지 않는다. 세월이 흐르면서 그렇고 그런 상투적인 인간이 되어간다.

요즈음 한국의 젊은 세대가 살아가는 모습은 전 세대에 비해 훨씬 더 개인주의적인 모습을 보인다. 하지만 잘 살펴보면 그들 속에도 집단주의의 구석이 남아 있다. 개인주의자를 자처하는 젊은이들도 사생활에서는 개인주의적으로 살아가지만, 조직 안에서는 집단주의자로 행동하는 경향을 보인다. 어쩌면 그럴 수밖에 없다. 이러한 이중성의 근원은 급속한 사회변동 과정에서 과거의 집단주의적 규범이 약해졌지만, 그것을 대체할 개인주의적 규범이 제대로 형성되지 않은 데 있다.[8] 그 하나의 보기로 장유유서長幼有序를 내세우며 나이에 따른 위계질서를 강조하는 '연령주의ageism'를 들 수 있다. 나이에 따라 위아래를 가르는 '형

---

8   조긍호, 「집단주의, 개인주의」, 김문조 외 『한국인은 누구인가』(21세기북스, 2013), 171쪽.

님문화'와 '언니문화'가 여전히 힘을 발휘하고 있다. 1990년대 이후 페미니즘의 흐름이 강해지면서 남녀차별은 많이 약해졌지만, 나이에 따른 위계질서는 변함없이 유지되고 있다. 나이에 따른 상하관계는 권위주의적 집단주의가 지속되는 데 커다란 역할을 한다. 남성들의 경우 중학교 시절부터 본격적으로 시작되는 선후배 간의 위계질서 확립은 군대문화를 통해 강화되고 직장문화를 통해 '문화적 문법'으로 고정된다.

지방대학 학생들의 학교생활을 연구한 최종렬에 따르면 군복무를 마치고 복학한 남학생들은 권위주의적 집단주의의 서열문화를 이끄는 주역이다.[9] 그들은 마치 장교가 사병을 대하듯 후배들을 대한다. 군기를 잡고 기강을 세우는 게 그들이 자발적으로 수행하는 임무다. 신입생 환영회, MT, OT 등은 그런 서열관계를 수립하는 기본 기제로 활용된다. 음주가 동반되는 회식 모임은 학번에 따른 동기생끼리의 결속이 선후배 사이의 위계질서와 함께 이루어지는 일종의 예식이다.

어린 시절부터 사회화 과정을 통해 서열관계에 익숙해진 대

---

9   최종렬, 『복학왕의 사회학』(오월의 봄, 2018).

학생들은 연령주의와 집단주의를 거부감 없이 받아들인다. 아래 인용문은 그런 현실을 잘 보여준다.[10]

신입생들을 보면 항상 개념 없는 애들이 꼭 있어요. 튀는 애들. 선배 봐도 인사도 안 하고 끼리끼리 지네들끼리만 모여서 노는 애들 …… 그런 애들은 선배들이 한 번 불러서 야단을 치던지 대학 생활 그렇게 하면 안 된다고 …… 그러면 자기한테 좋은 거죠. …… 피와 살이 되는……."(남녀공학대학, 남학생)

우리 학교 애들은 여대라서 선후배 위계가 더 철저하다고 말해요. 되게 힘주는 언니들이 있기는 있어요. 때리거나 그러진 않지만 왠지 그 언니한테는 꼭 존댓말하게 되고 …… 농담 같은 거 못하겠고 …… 근데 그런 게 좀 필요하지 않나요. …… 기강 그런 거가.(여자대학, 여학생)

한국인의 문화적 문법을 잘 보여주는 홍상수 감독의 영화

---

10   나윤경 · 권인숙, 「신자유주의 주체, 한국 대학생들의 선후배 관계에 대한 비판과 성찰」,《평생교육학연구》제11권 제2호(2010), 117~148쪽. 인용은 133쪽.

〈밤과 낮〉에는 나이에 따라 서열관계가 형성되는 장면이 나온다. 나이가 몇 살 더 많은 남자가 마음에 드는 여자에게 처음에는 존댓말을 하다가 얼마 후에 "나 지금부터 너한테 반말할게. 내가 너보다 나이가 많잖아"라며 말을 놓기 시작한다. 이어서 남자는 술 한잔하자면서 돈은 자기가 낸다고 호언하는 장면이 나온다. 나이에 따른 위계질서가 만들어지는 전형적 과정이다. 선배는 반말을 하는 대신 밥값과 술값을 내준다.

청년실업률이 상승하면서 취직 경쟁이 더욱더 치열해지고 있다. 매사에 인맥이 중요한 한국 사회에서 선후배 관계를 잘 유지하는 것은 졸업 후에 작동할 인맥을 만드는 과정이기도 하다. 명문대 학생일수록 선후배 사이와 동기들과의 관계 형성을 일종의 스펙 쌓기로 생각한다. 그런 관계 형성은 한국적 집단주의 문화가 재생산되는 기제로 작동한다. 위계질서를 강조하는 집단주의 문화가 대학생들의 생활문화에 자연스럽게 스며들어 있다. 그에 대한 비판이나 성찰은 거의 없는 편이다. 그렇게 살게 되면 위계질서를 해체하고 서로 존중하는 평등한 인간관계를 만들기는 거의 불가능하다.

그런 분위기에서 학창 시절을 보낸 사람들은 사회에 나와 직장 생활에 적응하면서 '특성 없는 인간'으로 진화한다. 스스로 자신을 만들지 못하고 개성이 없는 평범한 아줌마, 특성이 없는 보통 아저씨로 진화한다. 나이가 들수록 세파에 시달려 다 그렇고 그런 인간이 되어버린다. 자기다운 특성이 다 닳아 없어지고 유사한 사고방식과 행위양식을 보여준다. 특성 없는 인간들은 모든 인간관계를 돈, 권력, 지위에 따라 철저한 상하관계로 파악한다.[11] 윗사람에게는 철저히 기고 아랫사람에게는 확실하게 군림하는 태도를 보인다. 약자에게는 강하고 강자에게는 약하다. 그들은 생존과 자기 이익의 극대화를 위해 기꺼이 집단주의자로 살아간다. 그들에게는 개성이나 취향이라는 말이 먼 나라의 이야기로 들린다. 그렇고 그런 상투적인 삶의 방식을 거부하고 특성 있는 나만의 삶을 살려면 어떻게 해야 하는 것일까? 자기만의 색깔과 목소리를 가진 '특성 있는 인간'은 어떻게 탄생하는가?

---

11 노명우, 『세상물정의 사회학』(사계절, 2013), 165쪽.

나만의 나다운 삶을 살려는 꿈

우리 사회는 전반적으로 남과 다르게 사는 튀는 사람보다는 주위를 살피면서 남의 눈에 띄지 않고 무난하게 행동하는 사람을 선호한다. 직장 생활을 하든 자영업을 하든 '밥벌이'를 하고 살려면 윗사람과 고객의 비위를 맞추어야 한다는 생각이 지배적이다. 『동물농장』의 작가 조지 오웰이 말했듯이 "대부분 사람은 서른 남짓이 되면 개인적인 야심을 버리고 많은 경우 자신이 한 개인이라는 자각조차 거의 버리는 게 보통이다. 주로 남을 위해 살거나 고역에 시달리며 겨우겨우 살 뿐이다."[12] 그런가 하면 "소수지만 끝까지 자기 삶을 살아보겠다는 재능 있고 고집 있

---

12 조지 오웰, 이한중 옮김, 『나는 왜 쓰는가』(한겨레출판, 2010), 293쪽.

는 사람들도 있으니, 작가는 이 부류에 속한다."[13] 바람보다 먼저 눕고 바람보다 빨리 일어나는 '풀'을 노래한 시인 김수영이 어디선가 말했듯이 예술가가 되는 이유는 자기 나름의 독특한 삶을 살기 위해서다. 여기서 우리는 오웰이 말하는 '작가'나 김수영이 말하는 '예술가'를 꼭 직업 범주로 한정 지을 필요는 없다. 세상에 태어나 사회화된 방식으로 수동적 삶을 살아가는 데 만족하지 않고, 자기만의 삶을 살아보려고 노력하는 사람이라면 누구나 다 자신의 삶을 '작품'으로 만들려는 넓은 의미에서 '작가'이고 '예술가'라고 할 수 있다.

우리는 모두 자기만의 특성을 갖고 태어난다. 그런 특성을 살려 자신의 삶을 고유한 작품으로 만들려는 사람은 일상생활에서부터 자기만의 스타일을 만들어야 한다. 수입이 불안정하지만, 자신의 노동 시간과 작업 과정을 스스로 관리하는 프리랜서들은 자기만의 생활방식을 디자인할 수 있다. 그러나 직장에 다니거나 자영업을 하는 사람도 주어진 범위 안에서 자기 나름의 특성 있는 삶의 스타일을 만들 수 있다. 다른 사람과 5퍼센트만 다르

---

13 조지 오웰, 위의 책, 같은 쪽.

게 살아도 된다. 그렇게 지속해서 개성 있는 삶을 추구한다면, 누구라도 자기만의 삶을 창조하는 '작가'요 '예술가'가 될 수 있다.

물론 먹고사는 일이 중요하고 그러려면 특성을 죽이고 외부의 기대에 맞추어 살아야 한다. 직장에서 일하는 시간이나 고객을 상대하는 시간에는 자기만의 삶을 살 수 없다. 맡은 바 해야 할 일을 해야 한다. 그건 누구나 피할 수 없는 인생의 의무다. 그러나 직장 생활 속에서도 개성을 발휘할 수 있는 여지가 있다. 특히 젊은 세대 중에는 그런 부분을 찾아서 자신의 특성을 발휘하는 사람들이 있다. 자기만의 삶을 산다는 것은 자기 마음 내키는 대로 사는 삶이 아니라, 구속력을 갖는 사회적 조건 속에서도 틈새를 활용해 자기가 원하는 삶을 꾸려간다는 뜻이다.

이런 말을 하고 나면 늘 등장하는 대구가 "일단 먹고 살아야지"다. 전형적인 생존주의적 발상이다.[14] 물론 사람도 동물이니까 먹어야 산다. 그러나 동물을 넘어선 인간이기에 의미 있고 재미있고 보람 있는 자기만의 삶을 살 수 있다. 특성 없는 속물이 되기를 거부하고 자기만의 삶을 살려면 우선 물질적 생존이 보

---

14 생존주의에 대해서는 김홍중, 「서바이벌, 생존주의, 그리고 청년세대」, 『사회학적 파상력』(문학동네, 2016), 255~292쪽을 볼 것.

장되어야 한다. 사회안전망이 강화되고 기본소득제 같은 사회복지정책이 이른 시일 안에 전면적으로 실시되어야 한다. 그렇게 눈치 보지 않고 자기 나름의 특성으로 살아갈 수 있는 사회적 하부구조를 만들어야 한다. 물론 그런 기본 조건이 마련된다고 해서 특성 있는 인간이 저절로 등장하지는 않는다. 특성 있는 개인주의자는 자기가 사는 사회와 그 안에서 자기가 형성된 과정에 대한 비판적 분석 능력과 나만의 나다운 삶을 살려는 끊임없는 노력을 통해서 등장한다.

개인 차원의 노력도 중요하지만, 사회 전반적인 가치관과 분위기도 바뀌어야 한다. 우리 사회에서는 남과 다른 개성 있는 자기만의 삶을 살려고 하는 사람을 '잘난 척하는 사람', '모난 사람', '폼 잡는 사람', '꼴 보기 싫은 사람', '까칠한 사람'으로 비난하는 분위기가 강하다. 그런 상황에서는 자기만의 삶을 자신 있게 추구하기 어렵다. 개인화되고 주체화된 삶을 가치 있는 삶이라고 여기고, 그렇게 사는 사람들을 격려하고 존중하는 사회 분위기가 절실하게 필요하다. 특성 있는 인간이 마음 놓고 출현할 수 있도록 개성을 존중하고 서로 간의 다름을 인정하고 격려하고, 그런 사람들이 대화를 통해 조화를 이루며 상생하는 창조적 사회를 만들어야 한다. 그런 사회가 바람직한 사회라는 생각이 널리 퍼져야 한다.

보이지 않는 '줄'의 조종에서 벗어나기

오늘도 거리에는 수많은 사람이 오가고 있다. 그들은 각자 자신이 원하는 바를 알고, 자신이 가야 할 길을 가는 것처럼 보인다. 각자가 원하는 것, 각자 가야 할 길은 길게 생각할 필요도 없이 너무도 당연하게 그냥 거기 주어져 있는 것 같다. 분주한 삶속에서 사람들은 세상의 변화에 적응하고 자신의 욕망을 충족하기에도 시간이 부족해서 자기가 왜 그렇게 살아가는지 질문하지 않는다. 많은 사람이 생물학적 욕구, 습관과 관습, 광고가 만든 트렌드에 따라 살면서 스스로 원하는 삶을 산다고 착각한다. 그러나 나의 욕망은 조작된 욕망일 수 있다. 나의 욕망이 아니라 타자의 욕망일 수 있다. 사람들은 저마다 자기 뜻대로 사는 것 같지만, 실은 보이지 않는 함정과 덫에 걸려 있을 수도 있다. 인형극

공연자의 의도에 따라 움직이는 줄에 매달린 인형처럼 살아가면서 자기의 의도대로 산다고 착각할 수도 있다. 인형을 움직이는 줄은 눈에 보이지만, 오늘날 세상을 살아가는 인간의 욕망과 의식을 조작하는 줄은 눈에 보이지 않는다. 그래서 그 줄의 존재를 인식하고 외부의 힘에 의해 조종된 삶을 벗어나기가 그만큼 어렵다. 개인주의자는 그 줄의 존재와 모습을 투명하게 인식하고 그로부터 벗어나려고 애쓰는 존재다.

개인에서 개인주의자가 되는 길은 익숙하고 편안하고 당연한 세계를 생소하고 어색하고 낯설게 보는 일에서 시작해서 자기만의 시선으로 세상만사를 바라보는 일로 계속된다. 개인주의자는 대세나 시류에 편승하지 않고, 미지의 세계를 탐험하면서 독자적인 내면 세계를 개척한다. 일상의 좌절, 분노, 허무감, 격정을 비워내고 편안한 마음 상태를 유지한다. 자아를 깊이 들여다보면서 슬픔과 기쁨이 교차하는 감정의 기복을 넘어선다. 개인주의자는 안심입명安心立命과 태연자약泰然自若의 경지를 추구한다. 세상을 거리를 두고 있는 그대로 바라본다. 그때 삶이 명상이 된다. 우리의 마음은 자신을 둘러싼 세상 만물과 자신의 삶을 거리를 두고 바라볼 때 고요해진다. 평안과 평정의 상태에 도달한다.

주어 '나ᴵ'와 목적어 '나ᴹᵉ'의 분리

개인주의자는 자기 밖에서 주입된 기준에 따르지 않고 스스로 판단한다. 그러기 위해서는 우선 자신을 객관화해서 볼 줄 알아야 한다. 자기 밖으로 나와 자기를 관찰할 수 있어야 한다. 태어날 때 주어진 가족과 계층, 성별과 출신 지역, 인종과 국가를 거리를 두고 객관화할 능력이 있어야 주어진 틀을 벗어나 진정한 자기를 찾을 수 있다. 어느 시대, 어느 나라, 어느 지역, 어느 도시, 어느 가정에서 태어나 자기도 모르게 형성된 가치관, 인생관, 사고방식, 생활방식을 아무런 회의 없이 자연스럽게 받아들이는 사람은 '우물 안 개구리'나 앞뒤가 꽉 막힌 '자루 속 감자' 같은 존재다. 일찍이 1960년대부터 미국 대학에서 철학을 가르친 조가경이 말하듯이 "자기 안에 머물러 있고 밖으로 나가서 거닐지 않은 정신은 자기의 존재를 부정"하게 된다.[15] 자기 자신을 인식하려면 편안한 자기 자리를 떠나야 한다.

개인주의자는 자기 밖으로 나와 자신을 성찰의 대상으로 삼는다. 16세기 프랑스 사람 몽테뉴는 일찍부터 그런 삶을 살았다. 그에게 "세상에서 가장 중요한 일은 자기 자신이 될 줄 아는 것"이었다. 그는 자신을 직시했다.[16] 자기 안을 들여다보고, 오직 자기 자신과 관계하며, 끊임없이 자신을 생각하고 다스리며 음미했다. 그렇게 자기 자신을 성찰의 대상으로 놓으려면, '생각의 주체'로서 나와 '성찰의 대상'으로서 나가 분리되어야 한다. 영어에서는 주어 나^{I}와 목적어 나^{me}가 분리되어 있다. 영어만이 아니라 프랑스어에서도 주어 나^{je}와 목적어 나^{me}가 분리되어 있다. 그러나 우리말에서는 주어 '나'와 목적어 '나'는 다 같이 '나'다. "나는 나를 파괴할 권리가 있다"라는 문장에서 볼 수 있듯이, '는'과 '를'이라는 조사에 따라 똑같은 '나'가 주어가 되기도 하고 목적어가 되기도 한다. 미분리 상태의 나를 벗어나 주어 나^{I}와 목적어 나^{me}를 분리해야 내가 나를 성찰의 대상으로 삼을 수 있다.

---

15 조가경, 『실존철학』(박영사, 1961), 29쪽.
16 미셸 드 몽테뉴, 심민화 · 최권행 옮김, 『에세』 1~3권(민음사, 2022).

다른 사람에게 '이래라저래라' 충고하고 간섭하는 사람보다는 조용히 스스로me를 들여다보고 성찰할 수 있는 사람이야말로 진정한 개인주의자가 될 수 있다. 자기 내면의 소리를 들을 줄 알아야 다른 사람의 말도 경청하면서 공감적 대화를 할 수 있다. 문학은 개인의 고유한 경험과 감정, 내면적 고통과 성찰의 과정에 관한 내밀한 기록이다. 문학을 통해 우리는 다른 사람의 내면을 상상할 수 있게 된다.

서양 근대문학사 특히 독일문학사에는 고유한 인간 주체가 탄생하는 과정을 그리는 성장소설이 풍부하다. 괴테의 『빌헬름 마이스터』나 헤세의 『데미안』, 토마스 만의 『마의 산』은 그 보기들이다. 성장소설에는 방황하던 젊은이가 꿋꿋하게 자신의 길을 가는 개인으로 성장하는 과정이 나온다. 그것은 '문제적 개인'이 집을 떠나 우여곡절을 겪으면서 정신적으로 성장해 '개인 주체'가 되는 과정이다.

'주어 나'와 '목적어 나'를 구별하지 않는 한국어의 영향 때문인지 한국문학사에는 성장소설의 전통이 약하다. 작가 황석영은 우리 문학사에서 성장소설의 전통이 약한 이유를 "개인의 내면적 성장이나 변화 등을 다루기에는 근대화 기간 동안 현실이 그만큼 급박했다"는 점과 함께 "사회 속에서 개인 그 자체를 중요하게 생각하지 않았다"는 점에서 찾는다.[17]

지난 한 세기 이상 우리 사회는 빠른 근대화 과정에서 개인들 사이의 '관계'와 '외면'을 중시한 반면, 개인의 내면적 성장과 변화는 경시했다. 그러나 유교, 불교, 도교 등 우리의 종교 전통은 내면의 성찰과 수양을 강조했다. "성심, 정의, 격물, 치지, 수신, 제가, 치국, 평천하"라는 『대학』의 팔조목에서 볼 수 있듯이 개인의 자기 수양이 모든 사회적 삶의 기본으로 강조되었다. 그러나 유교에는 '개인個人'이라는 단어 자체가 없었다. 조선 사회가 막을 내리면서 근대적 문물과 함께 '개인individual'이라는 용어도 한반도에 상륙했다. 개화기 신소설에서 시작한 한국의 근현대문학은 자아의식을 가진 개인을 발견하는 과정이었다.[18]

앞서 말했지만, 개인의 자아의식 형성은 내 안에 생각의 주체인 나와 생각의 대상이 되는 나me의 분리에서 시작된다. 내가 나를 생각의 대상으로 올려놓는 일이 자아 발견의 시작이다. 현실의 나를 넘어서는 이상적 자아를 실현하기 위해 끊임없이 노

---

17 황석영, 「작가의 말」, 『개밥바라기별』(문학동네, 2008), 283쪽.
18 문광훈, 『한국현대소설과 근대적 자아의식』(아카넷, 2012).

력하는 과정에서 개인 주체가 탄생한다. 청소년 시기는 그런 주체 형성의 바탕이 마련되는 시기다. 그 시기에 고민이 많을수록 자신을 들여다보는 성찰성이 증진되고 개인 주체의 형성 가능성이 커진다. 그 무렵에 자신의 주위를 배회하며 관찰하는 또 다른 '나'가 생긴다. 주어 나와 목적어 나가 분리되면서 저절로 주어진 아동기의 삶이 끝난다. 거의 하나로 붙어 있던 내 안의 나와 내 밖의 나가 분리되는 "그 부자연스러운 느낌"을 자연스러운 상태로 만들어가는 과정이 곧 정신적 성장의 과정이다.[19]

나 속의 또 다른 나, 나와 함께 나란히 걷는 내 안의 다른 나가 만들어져 내가 나를 생각하는 강력한 경험을 하지 못하면 개인주의자는 탄생하지 않는다. 서양 소설 속에는 '분신double' 또는 '자기와 똑같은 사람doppleganger'을 다루면서 인간의 무의식과 심층심리 속에 들어 있는 '분열된 자아divided self'의 모습을 보여주는 작품이 많다. 포르투갈의 시인 페르난두 페소아는 자신의 분신을 "내 옆에 사실은 바로 나인 어떤 사람"이라고 표현했다.[20] 같은 맥락에서 작고한 시인 김영태는 "내가 출석하지 않은

19 황석영, 위의 글, 198쪽.
20 페르난두 페소아, 오진영 옮김, 『불안의 책』(문학동네, 2015), 11쪽.

책상에 앞에/또 하나 김영태가 앉아서 시를 쓴다"면서 "내가 결석한 책상 위에서/시를 쓰고 있는 작자作者는 누구인가"를 물었다.[21]

아일랜드의 소설가 제임스 조이스의 소설에는 자기 자신과 약간의 거리를 유지하면서, "자기 자신의 행위를 의심에 찬 눈초리로 곁눈질"하는 또 다른 자기의 목소리를 듣는 주인공이 나온다. 노트에 자기 이야기를 쓰는 습관을 가진 주인공은 자기 안에서 들려오는 "치유될 수 없는 영혼의 고독을 집요하게 말하는 그 목소리가 자기 자신의 목소리임을 알아차릴 때면 자신의 마음속에 자기 자신에 대한 짧은 문장을 쓰고는 했다.[22]

청소년 시기를 지나 성인이 되어도 때로 자기 안의 "치유될 수 없는 영혼의 고독한 목소리"가 들릴 때가 있다. 그럴 때마다 진정한 자아에 관한 질문이 떠오른다. 나는 과연 나다운 삶, 나만의 삶, 내가 원하는 삶을 살아가는지 질문을 던지게 된다. 그래서 T. S. 엘리엇은 "생활 속에서 잃어버린/우리의 삶은 어디에 있는

---

21 김영태, 『유태인이 사는 마을의 겨울』(중앙문화사, 1965), 74~75쪽.
22 제임스 조이스, 이종일 옮김, 「가슴 아픈 사건」, 『더블린 사람들』(민음사, 2012).

가?"라고 물었고 이성복은 어느 비 오는 날 차 안에서 음악을 들으며 "누군가 내 삶을/대신 살고 있다는 느낌", "있어야 할 곳에서/내가 너무 멀리/왔다는 느낌", "굳이 내가 살지 않아도 될 삶"을 살고 있다는 예사롭지 않은 느낌을 표현했다.[23] 진정 내가 바라는 삶을 살지 못해서 때로 "누군가 내 삶을/대신 살고 있다는 느낌"이 드는 까닭은 누구라도 인간이라면 진정한 삶, 자기만의 삶을 추구하기 때문이다. 그런 삶을 살지 못하고 "굳이 내가 살지 않아도 될 삶"을 살고 있다는 자각이 문득 드는 까닭은 우리 마음속에 주어 나와 구별되는 목적어 나가 있기 때문이다. 한 번밖에 없는 인생이다. 나는 나를 생각하며 나다운 삶, 의미 있는 삶을 살 권리와 의무가 있다.

23 이성복, 「음악」, 『호랑가시나무의 추억』(문학과지성사, 1993), 151쪽.

나만의 삶을 찾는 모험

　개인주의자는 주체가 된 개인이다. 개인 주체는 독립적으로 생각하고 판단하고 행위하는 주체적 개인이다. 개인주의자가 된다는 것은 스스로를 개인 주체로 만들어가는 끝이 없는 과정이다. 개인 주체는 세상이 지시하는 주어진 삶의 행로를 거리를 두고 바라보며 자기가 원하는 삶, 자기만의 삶을 기획하고 실행하는 개인이다. 개인 주체는 아들로서, 딸로서, 학생으로서, 선배나 후배로서, 어머니나 아내로서, 아버지나 남편으로서, 시민이나 국민으로서 해야 할 역할 수행에 만족하지 않는다. 자기가 속한 집단과 조직과 공동체가 부과하는 구체적 임무와 과제를 묵묵히 수행하는 무던한 사람, 순한 사람, 착한 사람, 천사표 인간이 되기를 거부한다. 성별과 연령과 직위를 막론하고 누구라도 타인의 삶의 방식에 대해 간섭하고 충고하고 강요할 권리가 없다고 생각한다. 누가 뭐라 하던 자기가 옳다고 생각하는 대로 살아간다. 그런 삶의 태도로 살아가는 사람은 다수와 주류에 의해 배척당하고 따돌림당하기 마련이다.

개인 주체는 알퐁스 도데의 소설 「스갱 씨의 염소」에 나오는 염소처럼 안전하지만 답답하고 지루한 울타리를 탈출해 모험을 감행하는 사람이다. 이미 많은 사람이 다녀 닳고 닳은 길이 아니라 자기만의 길을 가는 사람이 개인 주체다. 개인의 주체됨의 권리는 인간의 기본권이다. 남과 다른 생각과 이념과 신앙을 가질 수 있는 개인의 자유는 누구도 짓밟을 수 없고 누구에게도 양도할 수 없는 기본권이다. 다른 사람처럼 생각하지 않고 자기대로 생각할 수 있고, 그에 따라 살 수 있는 자유야말로 주체됨의 권리가 아니고 무엇이겠는가? 관습과 규범에 따라 사는 사람에게 신앙, 종교, 사상, 양심의 자유는 아무런 중요성을 갖지 못한다. 그런 자유는 언제나 정신의 독립성을 지키려는 개인주의자에게 필요한 권리다.

개인주의자는 즉각적 욕망의 충족을 위한 소모적 삶, 상대적 박탈감에 시달리는 낭비하는 삶, 남을 따라 사는 비주체적 삶을 넘어서서 자신의 진정한 내면에서 소외되지 않는 삶을 산다. 표준화된 삶의 궤도에서 벗어나 자기 삶의 여정을 스스로 개척할 때, 조직의 부품처럼 살아가는 일상의 삶에서 벗어날 수 있을 때, 개인 주체의 삶이 시작된다.

개인주의자는 자기 삶의 마지막 순간을 스스로 선택하기도 한다. 그것은 "인간의 마지막 권리"다.[24] 스위스 출신의 프랑스 생태사상가 앙드레 고르즈André Gorz는 말년에 치유가 불가능하다고 판단된 병든 몸을 이끌고 더는 구차한 삶을 살고 싶지 않아서 스스로 삶을 마감했다. 그는 "아주 어린 시절부터 온갖 '실존', 이를테면 고뇌, 권태, 존재할 이유가 아무것도 없다는 확신, 남들이 내게 기대하는 것에 부응하지 못한다는 확신, 남들에게 이해받을 수 없다는 확신들을 체험했다."[25] 그것은 존재 이유의 부재를 심각하게 느끼는 고독의 체험이었다. 그는 그런 고독의 체험을 바탕으로 개인 주체로 성장했다. 그의 삶에서 "주체의 문제는 항상 중심 문제"였다. 그는 "남들과 사회가 우리에게 요구하고

---

24 박충구, 『인간의 마지막 권리: 죽음을 이해하고 준비하기 위한 13가지 물음』(동녘, 2019).
25 앙드레 고르, 임희근 정혜용 옮김, 『에콜로지카』(생각의나무, 2008), 7쪽.

허용하는 존재로 축소될 수 없는" 자기 자신으로 다시 태어났다. 사회라는 거대한 기계가 부여한 역할과 기능으로 환원되지 않는 자기 자신을 창조했다.[26] 그러했기에 목숨마저도 스스로 끊을 수 있었다.

사회가 개인에게 떠맡기는 역할과 기능은 각자 자기 삶을 살 수 있는 가능성을 가로막고 억압한다. 역할과 기능에 한정된 개인은 자기 자신으로 존재하지 못하고, 자신의 행위가 갖는 의미에 대해 질문하지 않게 된다. 세상에 돌아다니는 지배적 담론은 '모든 개인이 사회가 떠맡기는 역할과 기능을 담당하기 위해 세상에 태어났으며, 인생이란 그러한 기능과 역할을 수행하다가 세상을 떠나는 것'이라고 가르친다. 정치체제와 경제체제라는 거대체제의 명령은 학교와 가족, 매체와 상품광고를 통해 우리들의 몸과 정신 속으로 스며든다. 내가 나의 삶을 사는 것이 아니라 가족과 학교와 직장과 국가가 제시하는 삶을 살아가도록 세뇌당한다.[27] 아동기(초등학교 6년)는 비교적 부모님과 선생님의

---

26 앙드레 고르, 위의 글. 참고로 프랑스에서는 고르가 아니라 고르즈라고 부른다.
27 1968년 반포된 국민교육헌장은 "우리는 민족중흥의 역사적 사명을 띠고 이 땅에 태어났다"로 시작한다. 이 문장 속에는 내가 나의 삶을 사는 것이 배제되어 있다.

말씀을 따르는 시기지만, 청소년기(중고등학교 6년)는 몸이 크고 정신도 자라면서 부모와 선생님을 비롯한 외부의 권위와 명령에 자기도 모르게 반항하는 시기다. 그러나 그 원초적 반항심을 풍부한 독서와 진지한 사고를 통해 스스로 사유하는 능력으로 전환하지 못하면, 점차 세월이 흐르면서 원초적 저항은 약화되고 사회의 요구에 어쩔 수 없이 순응하며 살게 된다. 학교를 졸업하고 직장 생활을 시작하고 결혼하게 될수록 '사회'가 요구하는 대로 '철'이 들게 된다. 남과 비슷하게 '정상적인 어른'의 길을 가게 되는 것이다. 그때 움직이는 것은 내가 아니다. 기존의 지배관계 유지에 협력하게끔 만드는 사회체제의 자동화된 논리가 보이지 않게 나를 조종한다.

사회체제의 논리에 저항하고 질문을 던질 수 있는 자율적 주체가 되기 위해서는, 그 지배의 논리를 꿰뚫어 보는 비판적 사유능력을 키워야 한다. 세계체제와 국가, 자본주의와 소비사회에 대한 비판 능력을 갖추어야 자기 안에 웅크리고 있던 개인 주체가 일어난다.

개인 주체는 체제와 체제의 지배자 시각으로 보았을 때, 언제나 '나쁜 주체'이고 '못된 주체'다. 정해진 역할에 따라 해야 할 일을 하지 않을 때 곧바로 "못된 송아지 엉덩이에 뿔난다", "모난 돌이 정 맞는다"는 말의 화살이 날아들고 "싹수가 노랗다"라든가 "될성부른 나무는 떡잎부터 알아본다"는 말로 기를 죽이고 "벼는 익을수록 고개를 숙인다"면서 순종과 복종을 강요한다. 그러나 모든 주체 형성은 일단 '불손한' 반항과 '불온한' 반란으로 시작한다.

어느 여고생이 엄마가 시험성적에 대해 지나치게 닦달하자 딸은 기를 쓰고 성적을 올려놓은 다음 "엄마 이제 됐어?"라는 유서를 남겨놓고 자살한 사건이 있었다. 이 여고생은 점수를 높여 좋은 대학에 들어가야 한다는 부모의 기대에 확실하게 반항했다. 여고생의 마음속에는 성적 이외의 무언가 다른 꿈이 있었을 것이다. 그러나 그 여고생은 반항은 했지만 안타깝게도 그 반항심을 주체 형성으로 연결하지 못했다. 진정한 주체는 상투적인 삶의 방식에 반항하는 주체로 시작해서 자신이 원하는 삶을 사는 창조적 주체를 발명한다.[28]

주체 형성은 도덕적 차원의 문제를 동반한다. 기존의 가치,

---

28 반항을 대안 모색으로 이어간 사례로 김예슬, 『김예슬 선언: 오늘 나는 대학을 그만둔다, 아니 거부한다』(느린걸음, 2010) 참조.

규범, 도덕, 규칙에 이의를 제기하고 그것의 정당성을 되물을 수 있어야 주체가 될 수 있다. 부모님과 선생님, 선배와 직장 상사의 입을 통해 전달되는 지배 담론의 정당성을 되물으며 자기 나름의 대안적 담론을 만들지 못한다면, 반항적 주체는 자기도 모르게 점차 지배 담론의 영향력 안으로 흡수되고 만다.

주체 형성의 문제는 정치적 문제이기도 하다. 주체는 필연적으로 지배의 모든 형태와 모든 수단, 즉 인간이 주체로서 행동하지 못하게 방해하는 모든 권력을 문제 삼기 때문이다. 주체는 인간의 존엄성과 가치, 개별성과 꿈을 권력의 논리와 시장의 논리에 굴복시키는 모든 세력에 저항하고 대안을 모색한다. 저항과 대안 모색이 체제와의 단절과 도피로 끝나서는 안 된다. 체제 안에서 주체로 살 수 있는, 자유의지를 행사할 수 있는 범위를 넓혀가야 한다. 조직의 요구에 순응하는 것 같지만 조직 밖에서는 자기가 원하는 삶을 만들어가는 공무원과 회사원, 평가점수를 올리기 위한 쓰기 쉬운 논문보다는 자기가 연구하고 싶은 주제를 선택해 자기 방식으로 글을 쓰는 학자, 더 많이 벌려는 극성스러운 경쟁을 거부하고 필요한 만큼만 일하고 나머지 시간은 자신을 위해 쓰는 자영업자들, 악착같이 더 벌어서 더 소비하는 것이 행복한 삶이라는 세속의 행복론을 버리고 먹고살 만큼만 벌면서 인간답게 살려는 사람들, 적게 벌더라도 자기가 원하는 삶을 선호하는 사람들은 체제 안에서 살아가지만 체제의 논리에 저항하는 반항아들이다. 체제 안에서 저항하며 자신의 삶을 살아가려면 엄청난 체제 분석력과 자기 분석력이 필요하다. 그러기 위해서 독서와 사고가 필요하다. 자기가 살아가는 체제와 자기 자신을 알아야 기존 체제 안에서 자신의 뜻을 살려 자기 나름대로 살아가는 방법을 찾아낼 수 있다. 궁극적으로 개인을 부정하고 억압하는 체제를 바꾸어야 하지만, 그건 하루아침에 이루어질 수 없는 장기전이다. 우선 체제 안에서 자기 방식으로 살아가는 법을 터득해야 한다. 그러려면 사회체제를 비판하는 작업과 스스로가 원하는 주체적 삶을 분명히 하는 작업이 동시에 진행되어야 한다. 나의 사고방식, 느끼는 방식, 욕망과 환상에 영향을 미치는 외부의 힘을 분명하게 인식하는 일과 내가 마음속 깊이 진정으로 원하는 삶이 무엇인지를 또렷하게 구별해내는 일은 동전의 양면이다. 체제 분석과 자기 분석을 통해 개인은 주체로 형성되고 개인주의자로 거듭난다.

개인주의와 고독

홀로 사는 1인 가족이 늘어나고 있다. 그래서 혼밥, 혼술, 혼취, 혼놀, 혼영 같은 줄임말이 널리 쓰이고 있다. 혼자 밥 먹고, 혼자 술 마시고, 혼자 취하고, 혼자 놀고, 혼자 영화 본다는 뜻이다. 그 말 속에는 쓸쓸함과 적막함이 스며들어 있고 불행감과 소외감도 들어 있다. 그러나 꼭 그렇게 느낄 필요는 없다. 혼자 있음은 '고립'이라는 소극적이고 부정적 의미만이 아니라, '고독'이라는 적극적이고 긍정적인 뜻도 담고 있다. 고독 속에서 우리는 참된 나를 발견한다. 스스로를 생각하고, 깊이 숙고하고, 새로운 것을 창조하려면 홀로 즐기는 고독의 시간이 필요하다. 가을의 마지막 햇살에 포도송이가 익어가듯, 고독 속에서 스스로를 들여다볼 때 인생의 깊이가 생긴다. 누가 앞에 있거나 옆에 있으면 든든

하다. 그러나 그럴 경우 상대방을 의식해야 하고 말해야 하고 반응을 보여야 한다. 그러나 혼자 있으면 오롯이 자기 자신에 집중할 수 있고, 마음대로 움직이고, 마음대로 느끼고, 마음대로 생각할 수 있다. 물론 우리는 홀로 살아갈 수 없다. 남과 더불어 살아가는 것이 인간의 삶이다. 그러나 자기 자신이 되려면 혼자 있는 시간을 가져야 한다. 홀로 걸으며, 홀로 여행하며 나는 나 속의 또 다른 나를 발견한다.

강원도 깊은 산 속 화전민이 버리고 간 집에서 홀로 살다 돌아가신 법정 스님은 고독의 시간을 깊게 누렸다. 법정 스님만이 아니라 누구라도 고독 속에서 자신에게 집중함으로써 생의 밀도를 진하게 의식할 수 있다. 스님이 말하듯이 "철저하게 자신을 응시함으로써 자기 존재"를 깊이 자각할 수 있다. "홀로 있다는 것은 온전한 내가 존재하는 것"이고 "본래의 자기로 돌아가는 길이다."[29]

파스칼은 "인간의 온갖 불행은 단 하나의 사실에서, 즉 한 방

---

29 법정, 「제비꽃은 제비꽃답게」(1978), 『맑고 향기롭게』(조화로운 삶, 2006), 136~138쪽.

에 조용히 머물러 있을 수 없다는 사실에서 유래한다"고 갈파했다.[30] 돈과 권력과 명예를 좇아 바쁘게 뛰다 보면 혼자 조용히 아무것도 하지 않고 가만히 있는 시간은 그저 낭비처럼 느껴진다. 그러나 로마 시대의 철학자 키케로는 "아무것도 하지 않고 있을 때보다 사람이 더 활동적일 순간은 없으며, 고독 속에서만큼이나 혼자가 아닌 순간도 없다"고 설파했다. 홀로 있는 체험은 바깥세상과 비판적 거리를 만들어주면서 예리한 관찰력을 키워준다. 혼자 있다 보면 생각이 살아나고 자기 자신을 들여다보게 된다. 나 홀로 조용히 있는 고독의 시간이야말로 생각이 무르익는 시간이다.

많은 사람이 고독을 피해야 할 부정적 상황으로 생각하지만, 새로운 삶을 모색하는 사람에게 고독은 창조를 위한 숙성의 시간이다. 무서운 건 고독이 아니라 구속이다. 구속은 자유로운 창조를 가로막지만, 고독은 새로운 길을 열어준다. 고독은 소외와 다르다. 소외는 타인으로 격리되는 수동적 상태이지만, 고독은 스스로 선택한 능동적 상황이다.

---

30 이환, 『파스칼』(서울대학교출판부, 1985), 159쪽.

개인주의에는 일면 쓸쓸함도 잠복해 있다. 개인주의자는 각자 자기가 가야 할 길을 가면서 타인이 가야 할 길을 방해하지 않기 때문에 어느 순간 서로 다른 길을 걷게 된다. 거기에 쓸쓸함이 있다. 메이지 시대의 일본 문학을 대표하는 나쓰메 소세키는 개인주의자였다. 그는 일본 특유의 집단주의를 벗어나 홀로 있는 것을 두려워하지 않고 오히려 쓸쓸함을 오롯이 즐겼다.[31] 내가 개인적으로 친밀한 관계를 형성했던 철학자이자 시인이었던 박이문도 쓸쓸함을 즐기는 개인주의자였다.[32] 그는 오랜 시간 이국땅에 살면서 고독 속에 칩거하며 '유일한 존재로서 나', '모든 껍데기를 훌훌 벗은 벌거숭이 자아'와 마주했다. 그가 쓴 수필에는 자기 자신을 들여다보는 고독의 시간이 자주 등장한다.[33] 그런 고독의 시간은 그의 시와 철학적 사유가 무르익는 시간이었다. 그의 고독은 그의 삶을 깊게 만들었다.

고독은 한 인간에게 자신의 실존적 정체성을 깨닫게 하는 계

---

31 나쓰메 소세키, 김정훈 옮김, 『나의 개인주의 외』(책세상, 2002), 68쪽.
32 그는 프랑스와 미국에서 30여 년 동안 살다가 귀국하여 100여 권에 가까운 저술을 남겼다. 박이문의 삶과 업적을 다룬 정수복, 『삶을 긍정하는 허무주의』(알마, 2013) 참조.
33 박이문, 「고독」, 『길』(미다스, 2003), 33~35쪽.

기가 되고, 자신의 자유, 즉 인간으로서 존재를 확인해주는 조건
이 된다. 고독은 위대한 창조의 밑거름이다. 떠들썩한 무리에서
떨어져 나와 자기 혼자만의 조용한 공간과 시간을 가질 수 없는
시인이나 철학자를 상상할 수 없고, 오랫동안 혼자만의 시간을
견딜 수 없는 위대한 학자나 발명가는 있을 수 없다. 고독은 "자
유로운 실존적 자아 발견의 조건이고, 창조적 주체로서 자아에
대한 긍지와 그에 따른 충만한 경험의 계기다."[34] 고독은 개인주
의의 뿌리이며 토양이다. 개인은 고독을 통해 개인주의자가 된
다. 고독은 개인주의의 영원한 친구다.

---

[34] 박이문, 『당신에겐 철학이 있습니까』(미다스, 2006), 44~45, 52쪽.

개인주의와 교양

개인주의자는 자기만의 공간에서 내면의 정원을 가꾼다. 세련된 문화와 폭넓은 교양을 쌓을수록 풍요로운 내면생활을 누릴 수 있다. 그런 과정에서 자기만의 특성과 취향이 만들어진다. 영화, 연극, 오페라, 뮤지컬, 음악회, 미술관, 박물관, 인문학 강좌 등은 하나같이 개인의 내면을 가꾸는 데 필요한 도구들이다. 그러나 자기를 발견하고 발명하는 데 가장 강력한 도구는 독서다.[35] "각자가 자신의 개성을 발견하고 잠재력을 개발하기 위해서는 독서 능력의 향상이 절대적으로 필요하다."[36] 독서를 통해 끊임

---

35 책과 독서에 대한 나의 저서로 『책인시공: 책 읽는 사람의 시간과 공간』(문학동네, 2013)과 『책에 대해 던지는 7가지 질문』(로도스, 2013) 참조.
36 이현우, 『책을 읽을 자유』(현암사, 2010), 19쪽.

없이 질문하고 해답을 찾으면서, 자기 자신을 확장하고 풍부한 교양을 형성할 수 있다. 문학과 철학, 심리학과 사회학, 역사학과 인류학 분야의 책들은 체제 분석과 자기 분석을 위한 사유의 도구를 제공한다. 대학 생활은 독서가 가장 집중적으로 이루어지는 시기이지만, 개인주의자는 내면을 새롭게 가꾸기 위해 평생 끊임없이 독서 생활을 계속한다. 책을 읽는 일은 자기 안에서 사유를 통해 내면 형성에 도달하는 과정이다. 내면은 밖으로부터 주입될 수 없다. 그것은 각자 스스로 발견하고 형성하는 보이지 않는 공간이다. 독서는 내면을 통한 자아 발견과 자아 형성의 과정이다. 눈에 보이지 않는 저자와의 내밀한 대화를 통해 자기만의 내면을 형성한 개인은 책 속에 들어 있는 수많은 저자와 친교하면서 자신을 확장하는 정신적 삶의 주체가 된다.

19세기 조선의 선비이자 최고의 서예가였던 추사 김정희가 살던 고택의 기둥에는 "반일독서 반일좌정半日讀書 半日坐定"이라는 글귀가 적혀 있었다. 반나절은 책을 읽고 반나절은 고요히 앉아 있는다는 뜻이다. 책을 읽지 않고 생각만 하면 위험하고, 책만 읽고 생각을 하지 않으면 꽉 막힌 사람이 되기 때문이다. 앞서 살았던 선인들이 남긴 책을 읽으면서 자신의 경험을 반추하는 일은 세상만사에 대한 자기 나름의 의견과 사유를 만들어가는 길이다. 그런 사색의 시간이 개인을 주체로 숙성시킨다.

개인주의와 관련된 근대적 교양주의는 일제 강점기 근대적 교육을 받은 지식인들에 의해 시작되었다.[37] 독일을 중심으로 하는 유럽의 교양주의에 영향을 받은 다이쇼 민주주의 시대의 대학문화는 자아의 발견과 교양의 형성을 위해 대학생이라면 누구나 전공과 무관하게 문학과 예술, 철학과 사상을 기본적으로 공부할 것을 요구했다.[38] 근대적 교양주의는 개인의 자유와 개성을 중시하며, 자아의 끊임없는 성장을 추구했다. 이런 흐름이 해방 이후 미국에서 들어온 인문교양 교육과 결합하면서 한국 대학의 인문주의적 교양 교육의 바탕이 되었다.

오늘날 이런 교양주의는 젊은 여성을 중심으로 한 인문학 열풍으로 나타나고 있다. 20대와 30대 여성층은 가장 책을 많이 읽는 주요 독자층을 형성하고 있다. 책을 직접 사서 읽는 남성 독자는 여성 독자의 반밖에 안 된다. 오늘날 20대, 30대 여성들은 근

---

37 윤대석, 「경성제대의 교양주의와 일본어」, 《대동문화연구》 59집(2007), 111~134쪽. 식민지 시대 서구 문학 작품 읽기에 대한 비판적 분석으로 박숙자, 『속물 교양의 탄생』(푸른역사, 2012) 참조.

38 김동규 외, 『대학의 이념과 교양 교육』(연세대학교 대학출판문화원, 2021).

대적 교양주의의 주도 세력이다. 페미니즘을 통해 자아를 각성한 젊은 여성들이 교양주의를 통해 개인주의자로 탄생하고 있다.

개개인은 모두 이 세상에 올 때 자기만의 가능성을 지니고 태어난 유일한 존재다. 누구라도 각자 자신의 재능을 최대한으로 발휘해 자아를 실현해야 한다. 문제는 자기 안에 감추어진 가능성을 알아차리고 그것에 매진해 자기다운 자기를 창조하는 일이 쉽지 않다는 점이다. 자기 안에 펼쳐진 넓고 넓은 밭의 어느 지점에 어떤 보물이 묻혀 있는지 빨리 알아차리기가 어렵다. 독서는 그렇게 숨겨진 보물을 찾아가는 탐험 과정에 길을 제시한다. 독서는 광범위한 간접경험을 통해 자신을 통찰할 수 있는 빛을 제공한다. 고독 속에서 조용히 집중해서 몰입하는 독서는 자신의 소질과 잠재력이 어디에 있는지를 발견하고, 그것을 최대한으로 실현할 수 있도록 도와준다. 독서를 통해 얻는 폭넓은 인문교양은 개인주의의 변함없는 친구다.

개인주의와 영성

개인주의자로 살아가려면 경제적 가치를 최고로 여기는 물질주의와 소비주의에 대한 회의와 비판정신이 필요하다. 먹고사는 생존의 문제를 넘어서 인간답게 살고, 의미 있게 살고, 자기답게 사는 일에 대한 관심이 커져야 한다. 거의 모든 것을 상품화하는 세상에 대항할 정신적 힘을 키우고 지킬 수 있어야 한다. 황금만능주의의 지배 앞에서 물질과 돈보다 더 중요한 내면의 가치를 일깨울 수 있어야 한다. 외부의 어떤 유혹과 지배에도 굴하지 않고 떳떳하게 자기만의 삶을 살겠다는 대안적 가치관이 없다면, 어떻게 개인주의자가 될 수 있겠는가?

개인주의자로 살아가려면 우선 생존을 최고의 가치로 여기는 '생존주의'를 넘어서야 한다.[39] 많은 사람이 성인기를 지나 노인이 되어서도 계속 생존에만 연연한 채 자기다운 삶을 살지 못하는 까닭은 무엇일까? 전쟁 체험 세대와 그들의 후예는 언제 어떻게 무슨 일이 터질지 모른다는 실존적 불안감 속에서 일생을 살아왔기 때문에 개인주의자의 삶을 사치라고 생각했다. 그저 가족의 울타리 안에서 생존하고 자식 교육을 통한 세대 간 사회적 상승 이동을 목표로 살아온 인생이다. 먹고살고 자식들 교육시키고 결혼시키고 나면 인생의 할 일은 다 한 셈이다. 그 밖의 다른 일은 그저 덤으로 하는 일이다.

그러나 세상이 달라지고 삶의 조건도 달라졌다. 세대 간 차이가 크게 벌어졌다. 전쟁 체험 세대와 '중단 없는 전진' 세대가 살아온 가족주의적 삶의 패턴을 깨기 위해서 개인주의가 필요하다. 가족을 버리라는 말이 아니다. 우리는 가족을 벗어나 살 수 없고 가족은 사회를 구성하는 기본단위다. 가족이 아니라 가족에 묻혀버린 가족주의적 삶을 청산하라는 뜻이다. 가족이라는

---

39 김홍중의 정의에 따르면 '생존주의'는 저항, 반항, 유희, 자유, 도전, 모험, 정치적 열정과 무관한 채 오로지 삶의 경쟁 상황에서 도태되지 않기 위해 생존에 최우선의 가치를 부여하는 '마음의 구성체'다. 김홍중, 『사회학적 파상력』(문학동네, 2016), 256~257쪽.

울타리를 벗어나 더 넓은 세상을 보고 가족 밖의 다른 사람들과 의미 있는 교류를 계속하면서 자신의 관심 범위를 넓혀가고 더욱 풍요로운 정신생활을 할 수 있으려면 가치관의 변화가 필요하다. 먹고사는 일이 기본이지만 잘 먹고 잘사는 것이 인생의 최종 목표는 아니다. 정신적으로 풍요롭고 사회적으로 의미 있는 삶을 사는 것이 인생의 궁극적 목표가 되어야 한다. 누구라도 인간의 기본적 욕구와 생물학적 요구를 무시하고 살아갈 수는 없다. 그러나 거기에 함몰되지 않고 자신의 내면적 삶을 풍요롭고 깊이 있게 만들어가면서 만족과 보람을 느끼는 삶이 가능하다. 품격 있는 '좋은 사회good society'란 그런 경지에 도달한 사람들이 많은 사회다. 그런 사람이 자발적으로 연대해서 활동해야 좋은 사회를 만들 수 있다. 생존을 위한 경제적 물질적 조건의 마련은 좋은 삶을 위한 필요조건이지 충분조건이 아니다. 생존조건의 확보와 물질적 소비의 극대화가 인생의 목표가 되기에는 인생이 너무 아깝다. 한 번 사는 고귀한 인생을 그런 일에 다 허비해버릴 수는 없다. 인류의 물질적 생산력이 낮았던 시대에는 소수 사람만 내면 있는 삶을 살았고, 다수 사람은 그저 일하고 생존하는 삶을 살았다. 그러나 지금 인류의 생산능력은 모든 인간의 기본적 욕구를 충족하고도 남는 수준이다. 양극화라고 불리는 극심한 불평등을 조절하고 비교적 평등한 사회를 만드는 일은 여전히 중요하다. 그러나 먹고사는 일을 넘어서 각자 자신에게 소중한 가치를 추구하는 일도 똑같이 중요하다는 평범한 진리를 자각하는 일이 시급하다.

인간은 밥만 먹고는 살 수 없는 존재다. 인간은 의미를 추구하는 존재이고, 자기보다 더 큰 존재나 거룩하고 성스러운 존재에 연결되어 살고 싶은 근원적 욕망을 가지고 있다. 인간은 누구라도 지금보다 더 큰 사람, 더 나은 사람이 되고 싶다는 숨겨진 욕망을 마음속 깊이 간직하고 있다. 세상의 물질적 가치와 온갖 거짓 욕망을 재생산하고 강화하는 생산-광고-유통-소비-폐기의 사이클 속에서 이루어지는 삶이 인간의 정신적 요구를 잠재우고 실존적 욕구의 싹을 말라비틀어지게 한다. 인간의 내면에 심층적으로 잠재된 의미 차원의 욕망을 자극하고, 물을 주고, 키우고, 꽃피우고, 열매 맺기 위해서는 수양, 수련, 수신, 각성, 깨우침이 필요하다. 종교와 사상, 학문과 예술은 그런 일에 기여할 수 있어야 한다.

민주화 이후 1990년대 많은 사람이 어둠이 내리면 너도나도

술 마시고 노래하고 춤을 추러 다녔다. 즐거운 건 그때뿐 마음속에는 허전함과 피곤함만 남았다. 그래서 2000년대에 들어서는 힐링과 웰빙이 강조되었다. 그것도 내면의 허전함을 채워주지는 못한다. 화장과 성형수술, 체형관리와 유행을 따르는 패션 감각은 일시적으로 남의 부러움을 살 수 있을지 모른다. 그러나 외면의 치장으로 얻는 우쭐함이 내면에서 우러나는 깊은 만족감을 대신할 수는 없다. 높은 자리를 차지하고 부를 축적해서 사람들의 추앙을 받을 수도 있다. 그러나 그것도 한때일 뿐 인간 존재의 심층적 갈증은 채워지지 않는다. 삶은 근원적으로 불안하다. 인간의 존재론적 불안은 정신적-내면적 가치 추구에 의해서만 완화된다. 존재의 근본적 불안을 넘어서려면 이 세상 너머의 초월적 세계와 이어지는 '영성spirituality'이 필요하다. 그것은 거룩한 세계에 자신의 삶을 연결할 때 생기는 정화된 영혼의 상태다. 유한한 세상에 제한된 시간을 머물다 가지만, 무한한 세계가 있다는 것을 알고, 그 안에서 자신의 삶이 갖는 한계를 인식할 때 영혼은 고요해진다.

개인주의자는 '자기만의 삶A life of One's Own'을 살기 위해 제도화된 종교의 가르침을 자기 방식으로 재해석할 수 있으며, 따로 '자기만의 신A God of One's Own'을 발명할 수도 있다.[40] 그렇게 함으로써 '영성'을 고양할 수 있다. 영성을 지닌 개인주의자는 자기를 지키면서도 모든 인간, 모든 생명체의 안전과 행복, 그리고 자연과 우주 전체와의 조화와 합일을 추구하는 삶을 산다. 세상에 발 딛고 살 수밖에 없지만 눈에 보이는 이 세상이 다가 아니라, 그보다 더 큰 세상이 있다는 것을 시시각각으로 자각하며 이 작은 세상에서 삶을 큰 세상의 원리에 맞게 살아가려고 애쓰는 삶, 그것이 내면에 영성을 지닌 개인주의자의 삶이다.[41]

종교적 사고는 성과 속, 세속적 세상과 초월적 세상을 구별한다.[42] 그 두 세계 사이의 긴장 속에서 사는 사람이 종교인이다. 프랑스의 인류학자 루이 뒤몽Louis Dumont의 표현을 빌리자면 종교인은 '세속 내dans le monde의 존재'와 '세속 외hors du monde의 존재' 사이를 오가며 산다. 개인주의자는 자기 자신의 내면을 가꾸지만, 자기 안에 매몰되지 않고 자신을 초월성과 연결함으로

---

40 자기만의 신을 발명하는 일은 종교적 개인주의의 발현이다. '자기만의 신'을 가진 개인은 기성의 집단 종교를 떠나 "스스로 결정하고 회의하는 (자기성찰적) 교회"가 된다. 울리히 벡, 홍찬숙 옮김, 『자기만의 신』(길, 2013), 26쪽.
41 정수복, 「사회적 성찰성에서 사회적 영성으로」, 『응답하는 사회학』(문학과지성사, 2015), 307~308쪽.
42 멀치아 엘리아데, 이은봉 옮김, 『성과 속』(한길사, 1998).

써 이 세상과 거리를 유지하며 사는 사람이다. 개인주의자는 언제나 자기 자신을 세상의 '이방인'으로 규정한다. 이방인은 지금은 여기에 살지만 언제든지 다른 곳으로 떠날 수 있는 사람이다. 개인주의자는 스스로 판단해 옳다고 생각하는 바에 따라 살아간다. 그런 삶의 용기는 현실의 상대성을 넘어서 초월적 세계와 접속된 의식에서 나온다. 스스로 사고하고 판단하는 거룩하고 존엄한 주체로 설 때 개인주의자가 탄생한다. 개인주의는 어떤 의미에서 보면 각자만의 '일인 종교'다. 개인주의라는 일인 종교에는 확정되고 완결된 교리가 없다. 개인 각자가 초월적 세계와 연계해 스스로 사고하고 성찰하고 판단하는 주체로 살아간다. 개인주의는 자아성찰주의다. 개인주의자의 길은 내면의 성찰을 계속하는 고요한 오솔길이다. 그 길을 걸을 때 영성은 개인주의자와 함께하는 속 깊은 친구다.

개인주의라는 뇌관 때리기

나는 한국인의 오래된 문화적 문법을 해체하고 재구성하기 위한 뇌관이 개인주의에 있다고 생각한다. 어떠한 소속과 기원으로도 환원되지 않는 독자성과 존엄성을 지닌 개인을 있는 그대로 인정하는 개인존중 사상이 없는 한 나이와 성별, 출신 가문과 출신 지역, 출신 학교와 출신 계급을 기준으로 하는 서열의식과 권위주의는 사라지지 않을 것이다. 개인이 존중되지 않는 한 한국 사회에서 집단의 논리 앞에 개인을 줄 세우는 오래된 문법은 계속될 것이다.[1]

---

1   정수복, 『한국인의 문화적 문법』(생각의나무, 2007), 8쪽.

2007년 펴낸 『한국인의 문화적 문법』에 나오는 한 구절이다. 이 책을 펴낸 이후 다양한 독자들의 적극적 호응이 있었다. 저자에게는 자신의 주장에 공감하는 독자를 만나는 게 가장 큰 보람이다. 그 가운데 서울시청과 밀알학교 등 많은 건물을 설계한 건축가 유걸은 어느 인터뷰 기사에서 다음과 같이 말했다.

지난해 정수복이 쓴 『한국인의 문화적 문법』을 읽으면서 한국 사회에 필요한 것이 개인주의라는 부분에 공감했다. 건축에서 설계자의 서명이 없는 건물치고 좋은 것이 없다. 좋고 나쁨을 평가하기 전에 건축가라는 한 개인이 없으면 좋은 것이 될 수 없다는 이야기다. 개인이 없는 것만큼 불행한 것이 없다. 한국 사회는 아직도 이 부분에서 많은 문제점을 안고 있다. 교육의 평준화나 기회 평등이 평균화나 획일화로 뒤바뀌는 게 현실이다.[2]

『한국인의 문화적 문법』이 나온 지 17년이 흘렀지만, 아직도

---

2 유걸, 「보통 건축과 꿈의 건축」, 『+Architect 01, Yoo Kerl』(공간사, 2008), 136쪽.

204 이타적 개인주의자

우리 사회에서 개인주의자로 살아가기는 힘들다. 그러나 우리 사회가 민주화되고 세계화되면서 스스로를 개인주의자로 자처하는 용기 있는 사람들이 속속 등장하고 있다. 젊은 세대로 내려갈수록 개인주의의 바람은 더욱더 거세지고 있다. 지금이야말로 개인주의의 진정한 의미를 또렷하게 밝히고, 개인주의의 뿌리를 굳건히 내리게 할 때라는 생각에서 이 책을 썼다.

한국 사회는 산업화를 거쳐 정보 사회에 진입하면서 경제적 수준에서 선진국 대열에 진입했고 정치적 차원에서 민주화를 이룩했다. 민주화 이전의 한국 사회는 나보다는 우리, 개인보다는 집단을 중시한 사회였다. 일사불란한 전진을 위해서는 집단의 요구에 복종하는 개인이 필요했다. 가정에서는 아버지가, 직장에서는 사장이, 나라에서는 대통령이 일방적인 명령을 내리는 윗사람으로 군림했고 집단의 구성원은 아랫사람으로서 그들의 지시를 따라야 했다. 그러나 민주주의라는 가치가 전 사회로 퍼졌고, 개인의 권리와 자유를 존중해야 한다는 원칙은 이제 거부할 수 없는 대세가 되었다. 이제야말로 개인주의에 목마른 사람들이 힘을 합쳐 가족주의, 연고주의, 권위주의, 감상적 민족주의, 국가중심주의 등 개인주의를 억압하는 한국인의 문화적 문법을 폭파하기 위해 개인주의라는 뇌관을 온 힘을 다해 강하게 때려야할 때가 왔다. 한국의 개인주의자들이여 일어서라! 잃어버릴 것은 구속의 사슬뿐이고 얻을 것은 나만의 나다운 삶이다!

책에도 때가 있다. 때를 만나야 세상에 나온다. 이 책은 오래 전에 구상되고 준비되었지만 이제야 빛을 보게 되었다. 2007년 『한국인의 문화적 문법』이 나온 이후 그 책의 편집을 맡았던 김지환 선생이 '개인주의'에 관한 책을 펴내자고 제안했다. 그때는 '파리 걷기'와 '책에 관한 책' 등 다른 주제들의 책을 쓰고 있어 서 제안에 응할 수 없었다. 2012년 무렵 김지환 선생은 다시 한 번 개인주의에 대한 책을 내자고 적극적으로 제안했다. 그때부터 개인주의에 대한 초고 집필에 들어갔다. 그러나 그 무렵 이론사회 학회, 문화사회학회 등에서 활동하면서 『응답하는 사회학』에 실 린 글들을 쓰기에 바빴고 이어서 『한국사회학의 지성사』 1~4권 쓰기에 몰두하면서 개인주의에 대한 책은 다시 뒤로 밀렸다. 그러다가 2020년 4월 23일에 열린 제1회 종로서평모임에서 『한국인의 문화적 문법』을 놓고 토론하는 자리를 갖게 되었다. 마침 그 모임에 김지환 선생이 참석했다. 서평회 후반에서 개인주의에 대한 진지한 논의가 있었다. 며칠 후 김지환 선생으로부터 전화가 왔다. 개인주의에 대한 나의 생각을 짧게 요약해서 『한국인의 문화적 문법』의 속편으로 출간하자는 세 번째 제안이었다. 밀린 빚을 갚는 심정으로 개인주의에 대해 써놓은 옛 파일들을 불러냈다. 그것들을 체계적으로 정리하면 두터운 저서가 될 듯했다. 그러나 일단 가벼운 마음으로 간결한 책을 만들기로 했다. 써놓은 글 가운데 핵심이 되는 부분을 선별해서 개인주의에 목마른 사람이라면 누구라도 편하게 읽을 수 있도록 쉽게 풀어썼다. 컴퓨터 속에 저장되어 있는 나머지 파일들도 빛을 볼 날이 오기를 기대하며 우선 이 책을 세상에 내보낸다. 오래 기다려준 김지환 선생에게 감사의 말을 전한다.

2024년 겨울, 서귀포에서
정수복

강수택, 『연대주의: 모더니즘 넘어서기』(한길사, 2012).

김덕영, 『막스 베버』(길, 2012).

김동규 외, 『대학의 이념과 교양 교육』(연세대학교 대학출판문화원, 2021).

김동춘, 『한국인의 에너지: 가족주의』(피어나, 2020).

김석근, 「마루야마 마사오에서의 '개인'과 시민: 주체 문제와 관련하여」, 김
　　석근, 가루베 다다시 엮음, 『마루야마 마사오와 자유주의』(아산서원,
　　2014).

김성국, 「유아유심 개인주의: 마음의 사회학을 위하여」, 《한국 사회학》 52
　　집 2호(2018).

김성국, 『잡종사회와 그 친구들: 아나키스트 자유주의 문명전환론』(이학사,
　　2015).

김수용, 『독일 계몽주의』(연세대학교출판부, 2010).

김수현, 『180도』(마음의 숲, 2015).

김수현, 『나는 나로 살기로 했다』(마음의 숲, 2016).

김영태, 『유태인이 사는 마을의 겨울』(중앙문화사, 1965).

김예슬, 『김예슬 선언: 오늘 나는 대학을 그만둔다, 아니 거부한다』(느린걸
　　음, 2010).

김지룡, 『개인독립만세』(살림, 2000).

김정운, 『에디톨로지: 창조는 편집이다』(21세기북스, 2014).

김홍중, 『사회학적 파상력』(문학동네, 2016).

나쓰메 소세키, 김정훈 옮김, 『나의 개인주의 외』(책세상, 2002).

나윤경·권인숙, 「신자유주의 주체, 한국 대학생들의 선후배 관계에 대한 비판과 성찰」, 《평생교육학연구》제11권 제2호(2010).

노명우, 『세상물정의 사회학』(사계절, 2013).

래리 시텐톱, 정명진 옮김, 『개인의 탄생: 양심과 자유, 책임은 어떻게 발명 되었는가?』(부글북스, 2016).

마광수, 『마광수의 뇌구조』(오늘의 책, 2011).

막스 스티르너, 박종성 옮김, 『유일자와 그의 소유』(부북스, 2023).

막스 스티르너, 박홍규 옮김, 『유일자와 그의 소유』(아카넷, 2023).

멀치아 엘리아데, 이은봉 옮김, 『성과 속』(한길사, 1998).

문광훈, 『한국현대소설과 근대적 자아의식』(아카넷, 2012).

문유석, 『개인주의자 선언: 판사 문유석의 일상유감』(문학동네, 2015).

미셸 드 몽테뉴, 심민화 최권행 옮김, 『에세』1~3권(민음사, 2022).

박성현, 『개인이라 불리는 기적』(들녘, 2011).

박숙자, 『속물 교양의 탄생』(푸른역사, 2012).

박이문, 「고독」, 『길』(미다스, 2003).

박이문, 『당신에겐 철학이 있습니까』(미다스, 2006).

박이문, 『자비의 윤리학』(철학과현실사, 1990).

박충구, 『인간의 마지막 권리: 죽음을 이해하고 준비하기 위한 13가지 물음』(동녘, 2019).

방영준, 「아나키즘과 자유교육」, 『공동체·생명·가치』(개미, 2011).

방영준, 『저항과 희망: 아나키즘』(이학사, 2006).

법정, 「제비꽃은 제비꽃답게」(1978), 『맑고 향기롭게』(조화로운 삶, 2006).

서병훈, 『위대한 정치: 밀과 토크빌 시대의 부름에 답하다』(책세상, 2007).

아론 구레비치, 이현주 옮김, 『개인주의의 등장』(새물결, 2002).

알랭 로랑, 김용민 옮김, 『개인주의의 역사』(한길사, 2001).

앙드레 고르, 임희근·정혜용 옮김, 『에콜로지카』(생각의나무, 2008).

야콥 부르크하르트, 안인희 옮김, 『이탈리아 르네상스의 문화』(푸른숲, 1999).

에리히 프롬, 황문수 옮김, 『사랑의 기술』(문예출판사, 2014).

오르테가 이 가세트, 황보영조 옮김, 『대중사회』(역사비평사, 2005).

오은, 『유에서 유』(문학과지성사, 2016).

오정숙, 『마르그리뜨 유르스나르, 영원한 방랑자』(중심, 2007).

울리히 벡, 홍찬숙 옮김, 『자기만의 신』(길, 2013).

윤대석, 「경성제대의 교양주의와 일본어」, 《대동문화연구》 59집(2007).

이동식, 「한국인의 주체성 확립과 주체성의 본질」, 고려대학교 행동과학연구소 편, 『한국인의 주체성』(고려대학교행동과학연구소, 1978).

이성복, 「음악」, 『호랑가시나무의 추억』(문학과지성사, 1993).

이영석, 「윌리엄 호스킨스, 풍경의 역사」, 『나를 사로잡은 역사가들』(푸른역사, 2006).

이영석, 『지식인과 사회: 스코틀랜드 계몽운동의 역사』(아카넷, 2014).

이주향, 『나는 길들여지지 않는다』(명진출판, 1996).

이진우, 『개인주의를 권하다』(21세기북스, 2022).

이현우, 『책을 읽을 자유』(현암사, 2010).

이환, 『파스칼』(서울대학교출판부, 1985).

임경선, 『나라는 여자: 소녀가 어른이 되기까지 새로운 개인의 탄생』(마음산책, 2013).

임마누엘 칸트, 이한구 옮김, 『칸트의 역사철학』(서광사, 2009).

임홍택, 『90년대생이 온다』(웨일북, 2016).

장경섭, 『내일의 종언: 가족자유주의와 사회재생산 위기』(집문당, 2018).

장은주, 「정치적 인간, 인정의 정치」, 2016년 6월 4일, 네이버 열린연단 "문화의 안과 밖" 강연 원고.

장폴 마티스, 『이상한 나라 꼬레』(금박, 1982).

전규석, 『부장님 저 먼저 은퇴하겠습니다』(담아, 2020).

전상인, 『공간으로 세상 읽기: 집, 터, 길의 인문사회학』(세창출판사, 2017).

전진성, 『상상의 아테네: 베를린 도쿄 서울』(천년의상상, 2015).

정범모, 「개인과 집단」, 『격동기에 겪은 사상들』(서울대학교출판부, 2014).

정수복, 『응답하는 사회학』(문학과지성사, 2015).

정수복, 『삶을 긍정하는 허무주의』(알마, 2013).

정수복, 『책에 대해 던지는 7가지 질문』(로도스, 2013).

정수복, 『책인시공: 책 읽는 사람의 시간과 공간』(문학동네, 2013).

정수복, 『한국인의 문화적 문법』(생각의 나무, 2007).

제임스 조이스, 이종일 옮김, 「가슴 아픈 사건」, 『더블린 사람들』(민음사, 2012).

조가경, 『실존철학』(박영사, 1961).

조긍호, 「집단주의, 개인주의」, 김문조 외, 『한국인은 누구인가』(21세기북스, 2013).

조동일, 『동아시아 문명론』(지식산업사, 2010).

조지 오웰, 이한중 옮김, 『나는 왜 쓰는가』(한겨레출판, 2010).

존 로크, 강정인 · 문지영 옮김, 『통치론』(까치글방, 2007).

존 스튜어트 밀, 서병훈 옮김, 『자유론』(책세상, 2005).

찰스 테일러, 권기돈 · 하주영 옮김, 『자아의 원천들: 현대적 정체성의 형성』(새물결, 2015).

최종렬, 「'이게 나라냐?': 박근혜 게이트와 시민영역」, 문화사회학회 발표문 (2017년 2월 24일).

최종렬, 『복학왕의 사회학』(오월의 봄, 2018).

츠베탕 토도로프 · 로베르 르그로, 전성자 옮김, 『개인의 탄생』(기파랑, 2006).

콜린 워드, 김성국 옮김, 『아나키즘이란 무엇인가』(이학사, 2019).

페르난두 페소아, 오진영 옮김, 『불안의 책』(문학동네, 2015).

프레포지에, 이소희 · 이지선 · 김지은 옮김, 『아나키즘의 역사』(이룸, 2003).

홍찬숙, 『개인화: 해방과 위험의 양면성』(서울대학교출판문화원, 2015).

홍태영, 「과잉된 민족과 찾을 수 없는 개인」, 이동수 · 유불란 등, 『한국의 정치와 정치이념』(인간사랑, 2018).

황석영, 「작가의 말」, 『개밥바라기별』(문학동네, 2008).

「2023 통계로 보는 1인 가구」(통계청, 2023.12.12).

Alain Ehrenbeng, *La Fatigue d'être soi: Dépression et société* (Paris: Odile Jacob, 2000).

Alain Touraine, "La formation du sujet," François Dubet et Michel Wieviorka (sous la direction de), *Penser Sujet, Autour d'Alain Touraine* (Paris: Fayard, 1995).

Alain Touraine, *Pourrons-nous vivre ensemble?, Égaux et différents* (Paris: Fayard, 1997).

Alan Macfarlane, *The Origins of English Individualism* (Oxford: Blackwell, 1978).

Collin Morris, *The Discovery of the Individual, 1050~1200* (London: S.P.C.K., 1972).

Erich Fromm, *Escape From Freedom* (New York: Discus Books, 1965) (1941).

François de Singly, *Les uns avec les autres: Quand l'individualisme crée du lien* (Paris: Arman Colin, 2003).

Geneviève Fraisse, *Les deux gouvernement: la famille et la Cité* (Paris: Gallimard, 2000).

Jean Jaurès, "Socialisme et liberté" La Revue de Paris, 1er décembre 1898.

Jeffrey Alexander, *The Civil Sphere* (Oxford: Oxford University Press, 2006).

Joëlle Zask, *Introduction à John Dewey* (Paris: La Découverte, 2015).

John Dewey, "I believe", *Later Works*, vol.14 (Carbondale: Southern Illinois University Press, 1977).

K. Steven Vincent, *Benjamin Constant and the Birth of French Liberalism* (New York: Palgrave Macmillan, 2011).

Leszeck Kolakowski, *Petite Philosophie de la vie quotidienne* (Monaco: Edition du Rocher, 2001).

Max Stirner, Wolfi Landstreicher(tr.), *The Unique and Its Property*

Underworld Amusements, 2017. [1844]

Michel Wieviorka, *La violence* (Paris: Balland, 2004).

Nicholas Abercrombie, Stephen Hill, Bryan Turner, *Sovereign Individual of Capitalism* (London: Allen and Unwin, 1986).

Oscar Wild, "The Soul of Man Under Socialism"(1891: Web. archive. org).

Peter Berger and Thomas Luckmann, *The Social Construction of Reality* (New York: Anchor Book, 1967).

Peter Hall, *Cities in Civilization: Culture, Innovation, and Urban Order* (London: Weidenfeld & Nicolson, 1998).

Simone Weil, *Oppression et Liberté* (Paris: Gallimard, 1955).

Song Min-Young, "From Demographic to Normative Individualization: A Comparative Study of Family Values in Korea and Japan," Korean Journal of Sociology 45(6), 2011.

Soo-Bok Cheong, "Autocritique de la modernité en Asie de l'Est: Corée, Chine, Japon," *Croisements-Revue frncophone de sciences humaines d'Asie de l'Est*, no 2(2012).

William Hoskins, *The Making of the English Landscape* (London: Penguin Books, 1985)[1955].